Sebastian Sailer

Feierliche Dankrede

Sebastian Sailer

Feierliche Dankrede

ISBN/EAN: 9783743686083

Hergestellt in Europa, USA, Kanada, Australien, Japan

Cover: Foto ©ninafisch / pixelio.de

Weitere Bücher finden Sie auf **www.hansebooks.com**

Feyerliche Dankrede
auf die
wiederhergestellte Ruhe
des
bestürzten Deutschlandes,
oder
den allgemeinen Frieden
zu GOtt dem Allerhöchsten
und
seine anvertraute Pfarrgemeinde
an dem Tag
der heiligen Kirchweyhe
den ersten Sonntag nach Ostern, in Albis genannt, gesprochen
von
P. Sebastian Sailer,
des unmittelbaren freyen Reichsstifts Obermarchtall an der Donau des heiligen Ordens von Prämonstrat Chorherrn, Capitulara, der Zeit Pfarrer zu Dietrichskirchen,
in einer etwas erhabnern Redensart in Druk gegeben
Anno 1763.

Mit Vergönnung der Obern.

Augspurg, verlegts Matthäus Rieger, Buchhändler.

Thema.

Pax huic domui. *Off. Ded.*
Pax vobis! *Joann.* 20.

Et hunc orate Deum omnium, qui magna fecit in omni terra - - - qui fecit nobiscum secundum suam misericordiam: det nobis jucunditatem cordis, & fieri *pacem* in diebus nostris in Israël per dies sempiternos. Eccl. 50. v. 24. 25.

Vorspruch:

Friede sey diesem Hause. l. c.
Der Friede sey mit Euch. l. c.

So bittet nun GOtt aller Dingen, der grosse Thaten auf dem ganzen Erdboden gethan ... der nach seiner Barmherzigkeit mit uns gehandelt hat, der wolle uns die Freude des Herzens geben, und den **Frieden** in Israel in unsern und zu ewigen Tagen. l. c.

Inhalt:

Frage: Ob wir nicht die schärfsten Pflichten haben, GOtt dem Allerhöchsten um den gegenwärtigen Frieden zu danken?

Antwort: Da ist keine Frage zu machen, weil der itzige Friede einer der erwünschlichsten ist. Er ist wunderbar. Er ist ein Werk göttlicher Erbarmungen. Er gereicht unsern Herzen zur grösten Freude. Diese drey Eigenschaften erhellen aus dem vergangenen Krieg selbsten, welcher

1. Ein innerlicher,
2. Ein blutiger,
3. Ein gefährlicher Krieg war.

Einleitung.

Christus zeigt sich heut als einen siegenden Helden. Er kommt aus dem Krieg, den er gegen die Hölle hatte. Er trat vor acht Tagen mit seiner Siegsstandarte aus dem Grabe hervor, in dem ihn seine Feinde, als einen vermeinten Erschlagenen, bewachten. Wohl eine ausserordentliche Schlacht, die er seinen Gegnern an dem schmerzlichen Charfreytag lieferte. Das Treffen war schreklich. Er stellete die Sonne an dem Himmel nicht fest, seinen Sieg, wie jenen Josue, zu beleuchten; sondern er wickelte sie in dunkle Schatten ein, seine Feinde in der Nacht zu überfallen. Die Erde bebete unter den Kämpferen, die Felsen spalteten sich, ihre Trümmern zu einer Triumphpforte für den Heiland herzugeben, und die Gräber gaben ihre Todten hervor, dem siegenden JEsu ein Gefolg anzuschaffen. Der Obsieger war ermordet, und die Feinde, wie die Philistäer von dem sterbenden Samson in Dagons Tempel zu Gaza, zerquetscht.

Fremde Siege! wo die Ermordeten fechten, und die Lebendigen das Feld verlieren. Der Fürst der Welt und der Finsternissen ist von einem Gebundenen, den er durch die Seinigen über den Bach Kidron führen ließ, in Ketten gebracht; und von jenem, welchen er am Creutzgalgen erwürgte, bezwungen. Die römischen Soldaten waren die Schwadronen der Hölle. Pontius Pilatus war der Befehlshaber derselben. Herodes der boßhafte Spion über das Betragen göttlicher Weisheit selbsten. Caiphas und Annas, die Erzrfaffen der schwürigen Synagog, vertraten die Stelle der Feldpredigern des feindlichen Heeres. Longin war ein glüklicher Ueberläufer, nachdem er das grosse Heldenherz JEsu Christi mit einem Lanzenstich aufriß, und dessen Großmuth in etlichen Bluts und Wassertröpfen erkanute.

A　　　　　　　　　Die

Die Eßig- und Gallflasche war der Marquetenter des kämpfenden Sohn GOttes. Golgatha der Schedelberg war der Fechtplatz. Das Creutz seine Fahne. Die Nägel seine Wurfpfeile. Die Krone von Dornen seine Sturmhaube. Die Blöße sein Panzerhemd, und sein Feldgeschrey: Es ist alles vollbracht. Er starb, und überwand. Seine Wunden sind uns heut in dem Evangelio sichtbar. Sie glänzen zu seiner Ehre. Sie sind nicht rukwärts, als eines Flüchtigen, sondern vornen an Händen, Füssen und Brust, als eines Tapfern, anzusehen. Er stieg in die Hölle hinab. Seine Macht war die Petarde, mit welcher er die Pforten der Finsternissen zerbrach, und ihre Bande und Riegel zerschmetterte. Die erlößten Altvätter waren zu dem erkauften ganzen Menschengeschlecht seine reiche Beute, die er dem Satan raubte, und ihn in ewige Fesseln schloß. Heut frolocket alle! Heut verkündiget er den Frieden. Seine furchtsame Jüngerschaar war die erste, welche die Friedenspost hörte; und durch sie kam sie zu uns.

Was Trost werden wohl die Apostel gefühlt haben? Sie wußten, wie fürchterlich der Krieg des Heilands war. Sie sahen auf dem Oelberg, daß er ein innerlicher gewesen, wo der Sohn GOttes mit sich selbsten bis auf Blut und Todesängsten stritt. Sie wußten, daß er ein blutiger war, weil sie die rothe Fußtapfen ihres Meisters theils in Jerusalem erblikten, theils von dessen Geisselung, Krönung und Kreuzigung hörten, und sie erfuhren, daß er zugleich ein gefährlicher schien, in dem Petrus ein Verläugner, Judas ein Verräther, die übrigen Jünger Ausreisser waren. Erwünschter Friede für euch, liebste Apostel. Angenehme Zeitung: Friede sey mit euch; aber auch mit uns, und zwar ein frischer in unsern Tagen.

Friede! Friede! Germanien, Friede! Friede! bestürztes Deutschland, der Friede sey mit dir. Kan ich dir etwas besseres verkündigen, als eben das, so du schon so lange gewünschet hast. Die muntern Posthörner erschallen aller Orten, sie blasen das gestillte Kriegsgetöß und den wiederkehrenden Frieden zu unserm Vergnügen aus. Wir hörten von einem Verbündnis, so wir beynahe nicht glaubten; die Umstände lößten unsere Zweifel nicht, ob uns der Oelszweig in dem Frost des Jahrs und der Gemüther grünen werde; und die bedrängtige Hofnung konnte mit halbgeschlossenen Augen unter Schwerdtern und Palmen keinen Unterschied machen. Siebenmahl endigte die Sonne ob den blutigen Waffen des geplagten Deutschlands ihren Jahrskreis. Unsere Nachkömmlinge werden die Dinge, so sich auf der Schaubühne dieses Kriegs zutrugen, mit Erstaunen lesen. Sie werden an der Menge der Zufällen den Beyfall zurükhalten, ob sich so viele Waffenstücke binnen so kurzer Zeit ereignet haben. Der Raum wird ihnen zu klein scheinen, und die Beschaffenheit der Sachen selbsten wird bey der Nachwelt einen Verdacht schöpfen, ob sie mit der Wahrheit gepaaret seye, und ob ihre Voreltern in der Rechnung sich nicht gestossen haben.

Der Friede, den wir für Deutschland mit offenen Armen empfangen, wird der Nachkommenschaft nicht weniger bedenklich fallen.
Seine

Seine unvermuthete Stiftung ist wie eine jählinge Luftstille nach dem Sturm, da sich die Winde nur nach und nach zu legen pflegen, und wenn er auch dauerhaft seyn wird, muß er sie so wunderbar dünken, als die Vereinigung der gegen einander schäumenden Meerwellen, weil er so verbitterte Gemüther unter sich in Hurtigkeit verbunden hat. Doch muß die Ruhe aus der Zerrüttung entstehen. Das Ziel und Ende des Kriegs ist der Friede, sagt der heilige Augustin (a). Die Entzweyung der Herzen kan ohne Balgen nicht seyn; und muß der Zank jedem Theil seine Rechte entscheiden. Der Krieg ist die Zweytracht der Monarchen; wenn die gütlichen Vorstellungen nichts verfangen, muß das schwirrende Eisen den Ausspruch thun. Dinte und Federn sind unter jenen zu unfähig, die keinen Oberrichter in dem Lande der Sterblichen erkennen, und muß der in das Menschenblut getauchte Degen auf dem Schlachtfelde das Urtheil schreiben, wer dem andern zu weichen habe. Tyrannen kriegen gegen sich, um einander aufzuzehren; und wilde Thiere zerbeissen sich, den Gegentheil auszurotten. Gesittete Fürsten ziehen mit Heeren gegen sich zu Felde, die Aufheiterung ihrer Gerechtsamen unter Dampf und Rauch des Feuerpulvers von demjenigen zu erwarten, welcher, als der höchste Schiedsmann entrüsteter Reichen, die Verwirrung entwiklen kan, und nur GOtt ist. Der Friede ist sodann der Morgenstern in dem Nebel, der die Tag- und Nachtstunden von einander sondert; und er kan, wie das Getraide auf dem Felde, nicht anders, als nach dem wilden Winter, blühen. Die Donnerwolken entkräften sich mit ihren eigenen Schlägen, und bringen den Sonnenschein nach ihrem erschröckenden Blitz und Feuerschoos wieder in die Welt; und die Sturmwinde schwächen sich mit ihrem sausenden Athem selbsten, daß sie die Luft in die alte Ruhe setzen müssen. Der Zwiespalt des Kriegs, so gewaltig er tobet, zerbricht sich nicht weniger, und treten sodenn die streitenden Theile, nach Hinterlegung des Mordgezeugs, mit dem ergriffenen Mercuriusstab in erwünschte Bündnisse zusammen. Eine schöne Tochter um die Ruh, welche von einer so häßlichen Mutter, als der Krieg ist, wie der bunte Regenbogen aus dem unfreundlichen Gewitter, gezeuget wird.

Jedoch ist ein Friede öfters mehrer bewundrungswürdig, und als ein kostbareres Geschenk des Himmels zu achten, je mißlicher der Krieg war, auf den er folgte. Die besonderen Umstände der Zweytracht grosser und mächtiger Regenten tragen zu dessen Werth vieles bey. Die Mißhelligkeit der Tauben ist bald gestillet, und ist ihre neue Eintracht keine Seltenheit; der Ernst war nicht zu heftig, und das Getös nicht zu gros. Ein anders ist es, wenn Adler gegen einander fechten, und sich mit scharfen Klauen, gespitzten Schnäbeln und klatschenden Flügeln in der Luft zerzerren. Der itzige Friede ist mit ausserordentlichen Kennzeichen bemerkt, weil er aus einem erschröcklichen und mißlichen Krieg entsprungen ist. Die mächtigsten Völker Europens waren in ihm verwickelt. Die gegen einander losbrechenden Monarchen versahen sich mit Klugheit und Stärke; das

A 2   Raufen

(a) Pacem constat belli esse optabilem finem. St. August. l. 3. de civit. Dei.

Raufen war abentheurlich, und die Feindſchaft, welche die hochende Vernunft und die gewaltigſten Heere unterſtützten, ſchien unverſöhnlich. Der Friede erfolgte demnach wider Vermuthen der Welt; und kan man nicht ſowohl die Klugheit der mittlenden Menſchen, als des allerhöchſten GOttes milde Verordnungen vor allen andern, ja als die einzigen, darum anpreiſen.

Ach! gewiß, zeithero beſtürztes Deutſchland! du mußt geſtehen, daß die aus dem Elend zurukberufene Einigkeit deiner Fürſten ein Werk der Allmacht GOttes, ein Meiſterſtück ſeiner Erbarmungen, und eine der größten Erquickungen unſerer Herzen ſeye. Die Eigenſchaften des vergangenen Kriegs ſind davon die beſten Proben. Ich will euch, liebſte Kinder! zur Dankbarkeit gegen dem Himmel aufmuntern: meine Bemühung wird deſto leichter ſeyn, als ich eure tröſtliche Zufriedenheit, und den Troſt eurer Gemüther an euren fröhlichen Stirnen erblicke. Ich verkündige euch mit Chriſto den Frieden, und ſpreche zu euch an dem Tage des jährlichen Gedächtniſſes der Einweyhung unſerer Mutterkirche. Der Stoff meiner Rede iſt nicht ungereimt. Die prieſterlichen Tagzeiten wünſchen dieſem Gotteshaus heut ſelbſten den Frieden (b). Chriſtus tritt zu Jericho mit dem Zachäus in ein enges Verbündnis. Und wer ſoll mir mein Vorhaben mißbilligen, wenn ich euch heute von dem allgemeinen Frieden rede. Es iſt dieſes die beſte Zeitung, ſo ich vorbringen mag, und ihr werdet hören, was eure Freude zum erwünſchten Wachsthum bringen kan. Ich kan euch aber das Reizende des gegenwärtigen Friedens nicht zu Gemüthe bringen, wenn ich das Fürchterliche des vergangenen Krieges nicht mit einem ſchaudernden Gedächtnis entwürfe. Die erlangte Geſundheit hat ihre Werthhaltung von der abgewichenen Krankheit; und iſt die Beſteigung des Ports einem Schiffmann deſto ſüſſer, als er ſich der bitteren Meergefahren erinnert. Das Vergangene ſchöpft dem Gegenwärtigen ſeinen Preis, wann dieſes vor jenen erwünſchter iſt; und ſind die abgeloffenen Mißhelligkeiten das Gewicht des nunmehrigen Troſtes zu nennen.

Friede! Friede! Germanien! und zwar einer, nach dem unſer Watterland am heftigſten geſeufzet hat. Denn er hat als eine That göttlicher Wunderen, als ein Werk göttlicher Erbarmungen, als ein würdigſter Gegenſtand unſerer Herzensfreude die Verdienſten, uns zu allgemeiner Dankbarkeit aufzurufen. Wir können dieſes mit eben dem Recht ſagen, als Onias der Hoheprieſter des alten Teſtaments nach denen Bedrängniſſen Iſraels bey Jeſus, dem älteren Sohne Sirachs. Ich muß es erweiſen; und ich muß mit dieſem Vortrag meine bevorſtehende Rede bemerken:

Ein erwünſchter Friede iſt gegenwärtiger.

Er

(b) Pax ſit huic domui. Off. Ded.

Er entsprang

1. aus einem innerlichen Krieg, GOttes Allmacht vereinigte die getrennten Herzen der Grossen.
2. aus einem blutigen Krieg, GOttes Erbarmungen machten der Grausamkeit ein Ende.
3. aus einem gefährlichen Krieg, die entfernden Gefahren sollen unser Herz ergözen.

GOtt! der du nach der Finsterniß den Sonnenschein auf unsere Häupter glänzen lässest, den Regenbogen nach dem Gewitter an hohen Himmeln aufhängst; und nach dem Sturm die Stille zuruf bringest. Begnadige mich mit deiner Huld, daß ich deinem Volk den Frieden verkündige, welchen es nach innerlichen, blutigen und gefährlichen Empörungen so sehnlich seit sieben Jahren erwartet hat; und jene erhalte mir selber, welche, als die Arche des Bundes zwischen GOtt und den Menschen, von Gabriel gegrüsset war, da er sie als der geflügelte Herold mit Uebergebung deren von ganzer Welt begierigst gehoften Friedenspräliminarien also besprach: Gegrüsset seyest Maria.

Die Erbkugel darf ihre Bewegung niemand, als den ungleichen Theilen ihres Eingeweydes beymessen. Die in ihrem lastigen Körper verschlossenen Elemente zerschättern sie, und stürzen ganze Länder in Schutt und Graus, wenn sie in dem innern des Weltballs miteinander kämpfen. Der Schatten der Erde macht in Versinsterung der Mondscheibe weniger Unordnung unter den Gestirnen, weil er ein auswärtiges Ding ist. Verdunklen sich aber die Lichter des Himmels unter einander selbsten; und sezt sich der Mond mit seiner Platten in dem Neulicht unter die Sonne, können die Folgen grösser werden.

Ein Reich ist noch allemahl glüklich, wenn es gegen Auswärtige zu streiten hat; und das innere Wesen in einem vesten Bund verknüpft ist. Die freundlichen Gemüther sind seine besten Mauern, und das gute Verständnis der Bürgern seine sicherste Brustwehre. Thebe war von der einstimmigen Leyer des Amphions mit Steinen umrungen. Ein Staat ist niemahl auf die höchsten Stufen seines Glüks gesezt, so lang ihm einstimmende Gemüther fehlen. Gutgesinnte Innsassen theilen sich die besten Räthe zu; ihre Eintracht ist auf die Liebe vest gesezt; und ihre Aufrichtigkeit muntert sie zur Vertheidigung des Vaterlandes auf. Ein jeder ist dem andern ein Beyspiel zur Grosmuth; und wie sie unter der Kriegsfahne ihren Feinden entgegen ziehen, so gleich wandlen auch ihre Gemüther unter der Standarte brüderlicher Liebe, welches der beste Kunstgriff eines Volks ist, sich wider die Anläufe fremder Schwärmer zu vertheidigen. So lang die Kranich versammlet sind, wird ihnen keine Gefahr von fremden Raubvögeln an dem Berg Caucasus mißlich werden.

den. Theilen sie sich in zertrennten Flügen voneinander, sind sie ein für ihre Gegner bestimmter Raub. Versammelte Schwanen in ihrem Wasserteich trotzen die wilden Adler, so sie, wann sie zertheilt wären, nicht thun könnten; und wie bald würde das süsse Reich der Bienen zerstöhrt seyn, wenn sie in Verfolgung der Raubwespen nicht einig wären. So lang die Bretter eines Schiffs sich voneinander nicht ablösen, wird das Meerwasser es in Grund zu senken unmächtig seyn, da sonst die mindeste Spaltung den Untergang drohet.

Glükseelige Reiche! wo Frieden thronet, und Einhelligkeit die Ruh unterschultert. Ihr bochet die Anschläge eurer bösen Nachbaren; und mag euch kein Lorbeer füglicher krönen, als wenn er mit Oliven umwunden ist, welche lediglich Pflanzen des innerlichen Friedens sind.

Die Welt ist von dem Gegentheil ebenfalls überzeugt. Ein Staat ist seinem Umsturz nahe, wenn er in sich abgesonderte Theile hat, der Zwiespalt seiner Gliedern macht ihn ohne Angang beygeloffter Feinden zerschnellen. Wie eine Bombe von einem ungleichen innerlichen Brandzeug zerborstet. Das Mißtrauen der Gemüthern kocht die Feindseeligkeit bey dem Feuer des Argwohns; und wenn die Falschheit das böse Gewürz noch darein streuet, muß das Fressen abgeschmackt seyn. Die Larve kan sich nicht lange tragen lassen. Die unfreundlichen Gesichtszüge können sich nicht bergen. Das Getöß der Waffen wird ausbrechen, und muß endlich ein Reich von seinen eigenen Innsassen zu Grund gebracht werden.

Sind nicht alle Monarchien der Welt durch innerliche Kriege an ihr trauriges Ende geruckt? Zwiespalt und Mißverständniß beförderten sie zu ihrer Zerschmetterung; und die mißvergnügten Herzen ihrer eigenen Landskinderen verdunkelten ihre Herrlichkeit, welche mit der lieben Einigkeit die anprallenden Feinde, wie die in der Milchstrasse verbundenen Sterne die Nacht, trozte. Assyrien, Persien, Griechenland erfuhren davon die traurigen Folgen der innerlichen Mißhelligkeit; und was hat wohl dem grossen Rom die Gewalt entzwey gebrochen, als eben diese. Seine Macht geboth fast drey Welttheilen; seine Adlerstandarten flogen durch entfernte Provinzen, und seine Holzbuschel brachte mit dem Beilstrahl entlegene Völker in Furcht und Zittern. Niemand von auswärtigen Mißgönnern des Römischen Glüks fand sich fähig denselben Einhalt zu thun. Die feindlichen Helden zerstossten entweder an den Quadersteinen des Capitols ihre tollkühne Köpfe; oder mußten ben siegenden Römern in dem Triumph nachgeschleppt werden, so lange diese Weltstadt ihre Bürger in Frieden und Einigkeit sah. Jugurtha der Numidier, Hannibal der Africaner, Pyrrhus der Epirot, Mithridat der Pontier, Brennus der Gallier, Porsenna der Hetrurier, Perses der Macedonier, und Tigranes der Armenier mit den Wejentern, Samnitern, Volsctern und mehreren anderen empfanden die vereinigten Römerwaffen.

Die

Die innerlichen Unruhen wären allein Roms böses Verhängniß. Es fiel von der Höhe seiner Ehre mit erbärmlichen Getöß; und seine Pracht litt ein beweinenswürdiges Schiksal, so bald sich seine Bürger mit Waffen angriffen, und sich selbsten auf dem Boden des theuren Vatterlandes das Blut abzapften. Die sieben Berge spyen gegeneinander Feuer aus. Die Tyber schwellte sich mit Leichen, und färbte sich mit Blut der Bürgeren; und die Ueberbleibselen des alten Roms sind annoch die traurigen Mausoleen des eingescharrten Bürgerfriedens. Die edelsten Geschlechter fraßen sich untereinander auf. Marius und Sylla, Cäsar und Pompejus, Nasica und Grachus, Antonius und Catilina, Cethegus, Cassius, Brutus und Clodius zerrütteten das gemeine Wesen häßlich; und da auch das böse Erbtheil des innerlichen Aufruhrs von diesen zu den Nachfolgern übergieng verschwand auch diese Monarchie in Dampf und Eitelkeit. Hieronymus sagt recht: Ein bürgerlicher Krieg hab allemahl mehr Menschen, als der feindliche Sabel, aufgezehrt (c), und hält ja Tullius einen aufwieglerischen Burger für das größte Abentheuer (d).

Deutsches Reich! du bist zwar ein Abschnitt der alten Römermacht, jedoch das ansehnlichste aus allen Trümmern derselben. Du führest noch die glänzende Reihe der Kaysern fort. Deine Fahne hat sich den Adler eingewebt; und deine Fürsten ersetzen den Abgang der alten Quiriten, ja übersteigen selbe noch um ein merkliches.

Kannst du aber von innerlichen Kriegen in deinen Jahrbüchern nichts aufweisen? Hast du das Uebel bürgerlicher Empörungen nie erfahren? Ach! deine Umstände waren zeither weit aussehender, da dein Staat, so groß er ist, mehrere Staaten in sich hält, deren die größten sich mit eigener Macht fürchterlich machen können. Ich will deiner alten Geschichten nicht gedenken. Die lezten Jahre setzen selben einen merklichen Beytrag zu. Es hat sich der Sonnenlauf siebenmahl gewechselt; und was erfuhrest du indessen von betrübten Unruhen? Der Himmel verhängte über dich einen innerlichen Krieg, dessen Unheil aus den abgeneigten Gemüthern, und vor den schrekbaren Heeren männiglich in Furcht und Kleinmuth sezte. Die Einfältigen betrachteten die verworrenen Sachen ohne tiefes Nachsinnen, allein die Klugen stellten sich ein böses Ende vor. Die Verbündnisse von Aachen schryen Ach! und Weh! die Verträge von Breßlau waren bedrükt und gepreßt, und der Friede von Dresden war so zerbrechlich, als das sächsische Porcellain.

Man sah zwar die Gemüther der Grossen nicht gleich in Feindseeligkeiten ausbrechen. Sie verbargen den Groll mit nachbarlicher Stellung. Zerschiedene Vorfälle zettelten in geflissener Stille das Miß-

---

(c) Plus pene bella civilia, quam macro hostilis consumpsit. S. Hier. Ep. 3. ad Heliod.

(d) Nihil cive deterius, si civis habendus est, qui civile bellum concupisit. Cic. Philipp. 13.

Mißtrauen an. Die Cabineten arbeiteten in Geheim an den verwickelten Geschäften. Durchdringende Staatsköpfe sahen auf die Folgen der verdekten Unruh; und wie ein erfahrner Schiffmann aus der sanften Mißhelligkeit der Winden einen grossen Sturm, und wir die künftige Witterung zu erfahren aus der stillen Bewegung des Queckſilbers in dem Wetterglas die Aenderung der Luft muthmaſen; ſo deutlich ſahen die einſehenden Geiſter aus den bewegten Gemüthern den baldigen Bruch des deutſchen Friedens vor Augen. Die Zwiſtigkeiten in America, welche Frankreich und Engelland unter ſich zu Waſſer und Land hatten, erbreiteten ſich in unſerm Vatterlande, wie die unruhige See auch der veſten Erde unfreundliche Lüfte zuzuſchicken pfleget. Mißtrauen und Argwohn ſchlichen ſich in die gekrönten Herzen gemählich ein. Engere Verbündniſſe mit Auswärtigen vergröſſerten den Verdacht, wie die in einem Brennglas vereinigten Sonnenſtrahlen das Feuer in einem entfernten Gegenwurf lobern macht, und wie das ſich vermiſchende Gewölk in den Sommertägen den furchtſamen Ackersmann in Kummer zu ſetzen pfleget.

Verſöhnte Feinde trauen ſich niemahls das Beſte zu. Die Narben abgeſchnellter Freundſchaft ſind allezeit eine Erinnerung alter Wunden, ſo gut man ſie immer geſchloſſen hat. Die Unbilden der Menſchen, welche ſie ſich zufügen, gleichen einem ſumpfigen Erdreich, ſo, wenn es auch ausgetroknet iſt, in Bälde wiederum durch ein kleines Thauwetter feucht und ungangbar wird. Es flattern zwiſchen dem Beleidiger und Beleidigten gewiſſe Schatten, die keine Sonne der Entſchuldigung oder der Genugthuung tilgen mag. Jener verſpricht ſich wegen der angethanen Schmach keine vollkommene Vergebung; und dieſer beredet ſich mit wankendem Gemüthe, für das Zukünftige ſicher zu ſeyn. Seneca fordert von der Ausſöhnung zwey Eigenſchaften, die Fertigkeit und die Gewißheit (c). Wo wird man aber dieſe finden, wenn ſie von einem Theil aus Zwang dringender Umſtänden, von dem andern aus Liebe des Eigennutzes geſtiftet iſt. Erde und Waſſer ſind durch den Froſt bald zuſammen gebacken, wie kurz iſt aber die Geſellſchaft, da ein lauer Wind beyde wieder trennen kan, da ihre Vereinigung nicht freywillig war. Ruhende Foderungen ſind nicht ausgelöſcht. Ihre Triebe erwarten Zeit und Gelegenheit ſich auf ein neues zu äuſſeren, und können ſie, wie das Feuer unter der Aſche, wiederum lober werden. Die Compaßnadel zittert bey der mindeſten Näherung eines Eiſens, ob ſie ſchon ihren Polſtern erreicht hat; und ſich mißtrauende Gemüther fühlen auf die mindeſte Bewegung eine Unruhe.

Von der Zerſchiedenheit in Religionsſachen wird der Abneigung kein kleiner Zuſatz gegeben, beſonders wenn man ſich mit jenen vertrauter ſehen läßt, die gleicher Gedenkungsart ſind. Da wütet der böſe Argwohn am allermeiſten; und iſt der mindeſte Verdacht ein ſchlimmer Richter in Dingen, ſo doch die Billigkeit entweder heiſchet, oder die unſchuldige Geſinnung beſſer anſiehet.

Dieſer

(c) Reconciliatio fit facilis, & ſecura. Sen. Ep. 105.

Dieser Verhalt deiner Fürsten war die Quelle folgender Unruhen, werthes Germanien! Ich will von den Ausdruckungen keine Meldung thun, die verbitterte Kiele gegeneinander wechselten; man las auf dem Papier, was die Herzen dachten; wie wir die Lage der Länderen in denen Wappen sehen, und hatte die deutsche Welt sich der Sachen zu erkundigen keiner anderen Dollmetscher mehr nöthig, als der Schriften, die gegeneinander mit geschärften Federspitzen fochten, die Dinte roch schon nach dem Schießpulver, und die Worte thöneten bereits so, als kämen sie von den Batterien der Feldstücken. Regensburg ward der Zweytracht wohl gewahr, wo die Gutachten einander bestritten; und da Ratisbon allezeit die Arche war, in welche sich die Bedrükten flüchteten, traf man in selber Chams an, die der Blösse ihres Vatters spotteten, und gab es schon Verwirrungen, die das Innere der höchsten Ständen, wie ein unrichtiger Zeiger ein verderbtes Uhrwerk, verriethen, in welchem die kleineren Räder den grösseren nicht mehr gehorchen. Die Partheylichkeit konnte sich nicht länger unsichtbar halten. Ein jeder neigte sich dahin, wo er von seiner Gesinnung schon vorher getrieben war. Die Maaßregeln liefen gegeneinander; sie waren einander so unähnlich, als zwey ungleich geschliffene Gläser, deren eines die Dinge unter über sich, das andere in ihrer natürlichen Stellung bildet; und da man diese in einem Schaurohr gleichwohl paaren kan, waren jene auf der Reichsversammlung ungesellig. Ihre Absichten schaueten gegeneinander, wie zwey schielende Augen in einem Kopf, welche die einzelne Gegenwürfe trennen, und doppelt sehen. Blasbälge von aussen vergrösserten das Feuer, wovon die Herzen allbereit glimmten; und von innen mangelte es an derley Windpumpen auch nicht. Die Vertraulichkeit bekam die Schwindsucht, und wollten, selber aufzuhelfen, keine Mittel mehr taugen; die freundschaftliche Küsse waren schwach, und konnten sich die Zähne nicht bergen, an welchen man mehrer von Bissen, als Liebkosen, wahrnahm; und zogen sich in den freundlichen Umarmungen die Aerme immer weiter zurük. Man legte sie nur auf die Schultern, die Stärke des andern zu prüfen; und endlich griffen die Hände gar nach dem Schwerdt, welches eher, als man vermuthete, aus der Scheide war. Die Lustlager verhüllten anfangs den Krieg. Die Soldaten eines Heers mußten sich in den Waffen üben. Sie griffen sich aus Spaß in Lustgefechten an, und lehrten einander in der Heldenschul, wie sie gegen Feinde anzurucken hätten. Die Grossen wogen ihre Kräften gegeneinander ab, und endlich wurde der gewaffnete Zeitvertreib zu einem harten Ernst.

Der Krieg brach offenbar aus. Deutschland sah die bösen Flammen in grossen Wirbeln empor steigen; und der in den Gemüthern brennende Zunder brach die geheimen Minen der Herzen entzwey. Cometen und brennende Himmelsruthen sind nicht allemahl die nothwendigen Vorbeutungen irrdischer Tumulten. Grosse Finsternissen der Himmelslichteren zeigen nicht allzeit Unruhen der Menschen an, ob es schon geschah ehe Xerxes Griechenland anfiel, und der erste Krieg, in dem Peloponesus entbrann (f). Gegeneinander

(f) Herodody, Thucidides.

der streitende Kriegsheere in der Luft werden grossen Feldzügen nicht jedesmal, wie in der Machabäer Zeiten, und vor der Zerstörung Jerusalems unter den Kaysern Titus und Vespasianus, vorausgeschikt. Es bedarf eben auch keines vorläufigen Vogelkriegs, in welchem sich Krähen und Raben einander zerreissen, wie es geschah, ehe Scythien und Thracien gegeneinander fochten (g); es ist nicht nöthig, daß zween Adler sich zur Vordeutung der Schlacht zwischen dem Marcus Brutus und dem Julius Cäsar mit blutigen Schnäbeln entfedern (h). Und was sollen sich die Erden- und Meerschlangen mit spitzigen Zungen, wie vor der Empörung der Ottomannen in Caramanien, zerhecken, die leidigen Kriege vorzuzischen (i).

Entzweyte Gemüther der Monarchen sind die sichersten Vorbotten eines baldigen Kriegs. Propheten und Wahrsager mögen des bevorstehenden Friedensbruchs wegen entübrigt bleiben, wo die Höfe und Cabineter der Grossen ungünstige Handlungen unter sich merken lassen. Die Verfinsterung freundschaftlicher Blicken gibt die sichersten Urkunden, die Friedenssonne habe sich ihrem Untergang genähert; und kan sich das kaltsinnige Betragen unter sich mißvergnügter Regenten so wenig, als der Winterfrost unter dem Zeichen des Steinbocks, verbergen. Wer sich an seinem Gegner nicht rächen kan, mag den Groll mit der Larve der Verstellung in geheimen Winkeln einer falschen Brust eine zeitlang verbeelen. Er trägt zwar die Faust in der Tasche, allein der Widersacher ist ihm zu mächtig, daß er ihm selbe an das Kinn setze. Davids Schleuderriemen ist nicht mehr zu finden, mit welchem ein einziger Bachkiesel einen Goliath stürzte. Der Eselskinnbacken Samsons und das Pflugeisen des Samgars sind nicht mehr gebräuchlich. Ein Mensch, der ohne Kräften sich Recht schaffen will, verfällt in die Tollkühnheit eines blöden Waghalses; allein, wo man mit Löwen und Adlern die Klauen wetzen kan, da ist auch das mindeste Mißverständniß gefährlich. Man stehet aller Orten in Sorgen, das gegen sich murrende Gewölk in den Gebürgen werde das platte Land mit Blitzkeulen und Hagelsteinen ohngesäumt überziehen, und ist jedes Zeitungsblatt verdächtig, ob es den offenbaren Friedensbruch nicht auf sich trage. Die Grossen wissen um die gütliche Aussöhnung nicht so leicht, die Unruhe in der Geburt zu ersticken. Jede Macht behauptet ihre Rechte so, daß sie selben keine Glossen machen läßt; und da sie gegen sich keinen Richter erkennt, muß das Schwerdt mit seiner eisernen Zunge die Zwistigkeiten entscheiden. Wir wollen uns den Frevel nicht auf den Nacken binden lassen, daß wir die Billigkeit der Waffen kriegender Potentaten untersuchen. Wir würden entweder den Vorwitz mit dem Empedocles auf dem Berg Aetna, oder mit dem Stagyriten an dem Euripus büssen. Die Staatsklugen, welche noch christlich denken, setzen die Billigkeit der Waffen auf diese Stücke: Wenn man Rebellen zu dämpfen, grosse Unbilden wider das Recht der Majestät zu züchtigen, die heilige Religion und Ehre GOttes vor allen andern

hand-

(g) Nicet. in Hist.
(h) Valer. M. Lib. 1. c. 4.
(i) Philipp. Camer. Cent. 1.

handzuhaben, zinsbare aber widerspenstige Fürsten zum Gehorsam zu treiben, das widerrechtlich entrissene zu erobern, den anruckenden Feind abzutreiben, dessen Bundsgenossen zu schwächen, seine eigenen Bundsverwandten zu vertheidigen, und Tyrannen oder unrechtmäßige Besitzer zu verjagen hat. Die Schrift gibt uns in diesen Stücken die meisten Proben selbst, und die Vernunft bestetiget sie. Die Schrift, sagte ich: Befahl nicht GOtt seinem Volk, die heydnischen Völker und ihre Götzen mit der Schärfe des Schwerdts auszurotten? Hat nicht Joram, der König in Israel, mit Gutheissung des Elisäus, Mesa, den König der Moabitern, mit Krieg befallen, weil er sich aus der Zinsbarkeit loszumachen suchte? Bewafnete sich David nicht wider Seba den Rebellen, und hat er nicht die seinen Abgesandten von den Ammonitern zugefügte Unbilde mit Stahl und Eisen gerochen? Stritt er nicht gegen Jsboseth, Michol, seine geraubte Ehegemahlin, zurukzubringen, und den ihm von GOtt verliehenen Scepter in seiner Hand zu befestigen? Trieb er nicht die anfallende Philistäer zurück? und griff er die Hülfsvölker, welche Syrien und Damascus seinem Feind, Adarezer, dem König in Soba, zuschikte, herzhaft an? Israel bahnte sich ja den Weg mit dem Degen in der Faust, welchen ihm Sehon und Og, der König zu Basan, sperren wollte; und wer konnte es Abraham zu einem Tadel nehmen, wenn er Loth, seinen Freund, mit gewafneter Hand aus den Händen heidnischer Königen errettet hat, wie man den Judas nicht schelten konnte, weil er den Tyrannen Adonibezec bekriegte? Schüler des Machiavellus setzen noch mehrere Gründe eines ehrsamen Kriegs hinzu, welche aber Erfindungen der Bosheit sind. Die Tollsucht, über alles zu herrschen. Den Eigennutz mit des andern Verheerung zu befördern. Keine gleiche, oder doch nahekommende Macht neben sich zu gedulten. Die Freyheit, andere nach Belieben zu überfallen, als eine Gerechtsame der Majestät auf der Klinge des Schwerdts zu tragen. Den Namen eines Helden mit willkührlicher Zerstörung des Erdbodens in die folgenden Zeitbücher zu übersetzen, und was die Hölle zänkischen und unfriedlichen Gemüthern von derley Abschaum unchristlicher und mehr denn heidnischer Ränken noch einflössen kan. Wir wollen von all diesem nichts erwegen. Genug, Deutschland empfand seit sieben Jahren einen innerlichen Krieg, der seine Bürger bedrängte, und deren räse Thränen ihre Wangen aufgerizt hatten. Brandenburg fiel mit seinem Riesenheere in Sachsen ein. Die Preußischen Armeen, deren prächtiges Ansehen dem Kriegsgott Mars selbsten zu einer ergözlichen Neuigkeit war, besezten auf einmal die schönen und gesegneten Churlande. Der Hof zu Dresden verlohr seinen theuren August, der sich in Pohlen flüchtete. Die fromme Königin fühlte den Jammer des feindlichen Ueberfalls in empfindlichen Dingen, und starb endlich zum höchsten Leidwesen in ihren verheerten Landen, wie der Phönix in dem Brand seines Nestes. Oesterreich stellte in Böhmen seine zahlreiche Kriegsmänner in das Feld. Diesem eilte Frankreich und Moscau mit schrekbaren Schwadronen zu Hülfe, und Brandenburg ward von Engelland, Hannover, Braunschweig, Cassel, und anderen unterstüzt. Der Kayser both dem übrigen Reich, in die

Waffen

Waffen zu schliefen, welches aus seinen Kreisen eine Mannschaft auf die Beine stellte. Sachsen, Meklenburg, Pommern, Preussen, Schlesien, Böhmen, Mähren, Brandenburg, die Lausiz, Thüringen, Franken, das Eichsfeld, Cöllnische, Mayntzische, Fuldaische, Hannoverische, Heßische, Braunschweigische, Pfältzische, Gelbrische, Jülichsche, Clevische und andere Länder sahen die geharnischten Heere der Deutschen und Fremden gegeneinander in feindlichen Begriffen, und wie weit waren Schwaben, Bayern von dem Greuel der Verwüstung entfernet? wie der Ofen von dem Feuer, und das Meerufer von denen Wellen. Deutschland war eine Hand, die sich mit ihren eigenen spitzigen Nägeln zerritzte, und wie Cadouns Feld, wo die aus Drachenzähnen erwachsenen Soldaten mit einander mit brüderlichen Dolchen erwürgten. Germanien war ein Schauplaz, wo seine Inwohner wider sich Galle, Feuer und Eisen auswarffen. Man kämpfte in dem Felde, und inner den Mauern. Was keine Waffen trug, bediente sich seiner Feder oder Zunge. Die Deutschen sahen sich, nachdem sie gesinnt waren, bitter an, und wo auch nur der Tobakrauch aus widergesinnten Nachen ausflog, sammelte er sich in ein Gewölk, aus welchem die Blitze des ernstlichsten Gezänks losbrachen. Einige droheten dem allerdurchlauchtigsten Hause Oesterreich die letzte Stunde seiner wohlverdienten Herrlichkeit an. Sie deuteten schon die nahe Zeit vor, welche ihm die Reichscrone von dem Gipfel, wie ein Schaurwetter der Kaysersblume ihren Hauptzierrath, hinwegschlagen sollte. Andere wezten schon die hungrigen Zähne, den mächtigen und tapferen Friedrich, der Preussen König, auf Kraut und Kohl aufzufressen, sie gönneten ihm noch die Gnade, den Churhut allein zu tragen, oder legten ihm zur äussersten Hulde noch den Namen eines Marggrafen bey. Der unreiffe Religionseifer ließ sich in schlimmsten Ausdrückungen hören, und gieng er in die innerste Gesinnung der Regenten ein, aus selben etwas Arges zur Spaltung deutscher Gemüther zu errathen. Man theilte die Länder mit dem dummen Bleystefft unter die Grossen. Man entheiligte die Bißthümer mit der gröbsten Vermessenheit, und zehlte sie bereits jenen bey, welchen Osnabrück in Westphalen die Insten und Hirtenstäbe gewaltsam entrissen hatte. Die hohen Alliirten beeder kriegenden Partheyen kamen ohne feindliche Verläumdungen nicht davon. Die Franzmänner waren ein gepudertes Heer aufgekräuselter Kammerjunkern, die engländischen Legionen taumelnde Quaker, die Moscowiten aufgeschwollne Brandweinlägeln, und die Ungarn ein gepaartes Raubergesinde. Man focht in dem Felde und in Zimmern. Die Gesellschaften waren dorten gefährlich, wo man kein blankes Eisen, und öfters nur gemahlte Kartenrichter, oder eine hölzerne Schlacht auf dem Schachbrette sahe, und Deutschland schmachtete in einem innerlichen Krieg, dessen Jammer sich nicht beschreiben ließ.

Allein GOtt hat auf der Erde nun grosse Dinge gethan, er hat, als der einzige Friedensstifter, die innerliche Ruhe wider Vermuthen in die Herzen der Grossen und ihrer Unterthanen zurückgebracht. Die menschliche Klugheit befremdete sich, als sie ihre

Muth,

Muthmaſſungen betrogen ſah; und die loſen Anhetzer deutſcher Unruhen packten ihr unverantwortliches Gezeuge mit Schamröthe ein. Der Diamant freundſchaftlicher Gedanken brach dem Kriegsmagnet die Kräften, das geſchliffene Eiſen an ſich zu ziehen. Die Gemüther ſind durch GOttes Allmacht auf ein neues vereiniget. Die Höfe ſenden ſich Abgeſandten des Friedens zu. Lager und Gezelte ſind abgebrochen, Heere und Legionen aus dem Felde geſchaffet, Mund und Lippen rüſten ſich zu Liebesküſſen, und erröthen ſie, an den Grollengeifer hinführo zu denken, von welchem ſie ſieben Jahre ſchäumeten. Der Friede iſt uns von jenen gegeben, welche uns ſelben zu unſerm Leidweſen entzogen hatten. Die Anſchläge der Bösgeſinnten ſind zerblaſen; welche auf die Dauer der innerlichen Zertrümmerung unſers Vatterlandes abzwekten. GOtt hat mit ſeiner Allmacht den Krieg geäffet. Er ließ ihm keine Folgen zu. Er ſchloß ihn ſo verwunderlich, daß die Sachen ſo, wie ſie anfangs waren, zur Erſtaunung menſchlicher Witz, beruhen. Die Staaten des Reichs ſind wie eine Steinklippe in dem Meer, welche nach dem Seeſturm weder von ſeiner Stelle gerucket, noch in ſeinen Theilen zergliedert beobachtet wird. Gränzen und Markſteine bleiben ohnverändert. Die laurenden Feldmeſſer und Gränzſcheider haben ihre Farbenmuſcheln vergebens zubereitet, die Geſtalt der Wappen und Landkarten zu verändern, und iſt Deutſchland einer Inſul in einem Strom gleich, welche nach der Ueberſchwemmung ihre vorige Geſtalt erhält. Der innerliche Krieg iſt von der innerlichen Ruhe gehoben, und hat dieſe ſchon ſo viele Verdienſten, daß wir heut und allezeit dem allesvermögenden GOtt Danklieder anſtimmen. Sie gebühren aber auch ſeiner Barmherzigkeit, welche dem Metzeln und Blutvergieſſen die Meſſer ſtumpf gemacht, und die Canäle verſtopft hat.

So gerecht ein Krieg ſeyn mag, ſo ungerecht iſt er, wenn man Wuth und Grauſamkeit in denen Standarten trägt. Es iſt erlaubt, daß man durch Kriege die bekränkte Ruhe erobere, wenn es aber auf Würgen, Tödten, Schlachten und Blutvergieſſen gefliſſentlich ankommt, iſt der Abgang der Menſchenliebe der höchſte Tadel eines auch gerechten Helden. Das Menſchenblut iſt zu theuer, als daß man es zu viel verſpritzen ſolle, und iſt das Leben eines Menſchen, beſonders eines Bürgers, zu koſtbar, als daß man deſſen keine Acht habe. O! daß die Fürſten Deutſchlands wie Lucullus der Römer geſinnt wären, von welchem dieſe gute Worte in der Schatzkammer der patriotiſchen Klugheit annoch aufbehalten ſind: Die Errettung eines einzigen Bürgers gereicht mir zu gröſſerem Vergnügen, als tauſend in das Gras gelegte Feinde. Es iſt wahr, daß ein Krieg ohne Blutſturz eines und des andern Theils nicht ſeyn kan, was die Dinte nicht vermag, das muß das Blut der Erſchlagenen thun, die Entſcheidung der Zweytracht zu unterzeichnen. Die Waffen ſind darum geſchärft, die Schwerdter geſchliffen und der Degen geſpitzt.

spitzt. Der Feind muß durch die Niederlage geschwächt werden, und der Sieger muß auf die Leichen der erwürgten Gegneren seine Tropheen setzen.

Jedoch hat alles seine Maase. Wo man das Menschenblut ersparen mag, soll man es thun, wenn der Friede auf gelindere Art zu erfechten ist. Die Geschichte erzehlen uns langwührige Kriege sowohl der Barbaren, als Christen, worinn man durch ein oder andere Schlacht zum Vergleich kam. Hannibal zog sein Schwerdt wieder die Römer, und stekte es in Zeit sechszehen Jahren nicht in die Scheide. Die Schlachten bey Cannen in Apulien, wo er den Paulus Aemilius und den Terentius Varo schlug, und sie mit viel tausend Römern zerhieb; bey dem See Trasimenus, wo er den Bürgermeister Flaminius besiegte, und bey dem Fluß Trebbia, wo er den Scipio und Sempronius überwand, waren die hitzigsten Gefechte, in welchen das edle Blut der Römer floß. Wollen wir der bürgerlichen Kriegen derselben gedenken, finden wir die Stadt Pharsalos in Thessalien, wo Cäsar gegen dem Pompejus zog, Actium in dem Epius, wo Augustus den Antonius überwand, und Carrhas in Mesopotamien, wo Crassus mit dem römischen Adel getödtet war, hauptsächlich berufen.

Ach! was Menschenblut hat die Erde schon eingesiefelt. Wär es Wunder, wenn ihre Flüsse in gefärbten Cirkeln fortwalleten, und die aus ihr auffsteigenden Dämpfe die Wolken bepurpurten? Der lezte Krieg Deutschlands könnte wohl ein grosses beytragen, weil er den Namen eines blutigen an der Stirne seiner Jahrbücheren zu tragen verdienet. Unsere Nachkömmlinge werden sich schwerlich bereden lassen, daß auf dem Boden ihrer Heimat Zeit sieben Jahren so viel bluttriefende Auftritte geschehen seyen, die wir doch wissen, und mit zitternder Feder zu ihrer Nachricht aufzeichnen. Wir hatten das leidige Verhängnis, davon Zeugen zu seyn; und wir wissen um den Jammer der erschlagenen Deutschen.

Es ist unlaugbar, daß die Würgereyen des Alterthums gräßlich waren. Die für Riesenmänner geschmiedete Schwerdter, die abentheuerliche Streitkolben, die Catapulten, Schnellbänke und Armbrüste, die schneidenden Sichelwägen, der pfeifende Pfeilhagel, und die gewezten Helleparden, so wir in denen Rüsthäusern annoch von ihnen erblicken, machen uns von ihren Blutvergiessungen genugsame Zeugschaften. Ihr Handgemenge war erschrecklich, doch konnte es nicht anders dann in der Nähe geschehen. Der mordende Tod konnte in der Ferne wenig schaden. In unsern Zeiten hat man ihm bessere Vortheile in seine fleischlose Tatzen gespielt. Die Menschen erdachten für ihn selbsten neue Zeughäuser. Das Feuer ist der Ersatz menschlicher Kräften. Man hat es in die Kerne des Schießpulvers eingeschlossen, und läßt es mit erstaunlichen Krachen aus Mörsern und Carthaunen zum Tod der Menschen hervorbrechen, da es Bley, Eisen, und was immer quetschen kan, gegen selbe wirft. Die Begierde feindliche Glieder, wie das Gras mit der Sense, umzufällen,

zufällen, erdachte in lezteren Jahren das unbarmherzige Feuerwerk zu beschleunigen die Hurtigkeit der Soldaten, und das behende Wesen der Canonen, und wer weiß, wie weit der sinnreiche Blutdurst seine Erfindungen noch treiben werde. Die Bürger inner den Mauern dörfen sich mit ihren Schanzen, Brustwehren, Kämpfthürnen, Wassergräben und Citadellen nicht mehr den Unüberwindlichen beyzehlen, und kan sich der Soldat im Felde wider den Tod keinen Freybrief mehr versprechen, sollte er schon von dem Heldenmuth mit Hand und Pettschaft ausgefertiget seyn.

Darf ich dir, mit Blut gefärbtes Deutschland, die Geschichte des leztern Kriegs erzehlen? ich fühle Furcht und Schauder, dir davon das Gedächtniß zu erneuren, wie Aeneas der Trojaner, als er die Verheerung seines Vatterlandes der Dido zu erwehnen gezwungen war. Die Worte sollen kurz seyn, weil ich in einer so fürchterlichen Betrachtung mein Gemüthe nicht quälen mag. Belagerungen und Feldschlachten theilen meine Anmerkungen über das Rasen des blutigen Kriegs.

Veste Plätze sind die Schoos der Sicherheit. Der Inwohner ist dem jählingen Anfall minder ausgesezt, als Menschen, welche ihr Leben ohne Stein und Mauern nicht schützen können. Die Vögel wissen ihre Neste gegen Witterung und Feinde zu bauen, und die Thiere haben von der weisen Natur in Felsen und Klippen ihre bevestigte Wohnsitze bekommen, sich wider die fremde Gewalt zu vertheidigen. Die Menschen haben von Anbeginn der Welt sich um sichere Behausungen umgesehen, und ware Cainau die erste Stadt, wo sie sich versammelten, ihren Feinden Troz zu bieten.

Es ist verwunderlich, wie weit die Kunst der Kriegsbaumeistern gestiegen seye. Die Alten umzingelten sich zwar eben mit Pallisaden und dicken Gemäuer. Sie wußten Erde und Wasser zur Sicherheit ihres Lebens und ihrer Habschaft zu gebrauchen. Es war endlich schon genug, die Schläge der Widerkämpfer, die hölzerne Thürne der Belagerer, die Steinwürfe der Schleuderer, die Sturmleitern der Soldaten, die von Schilden schimmernden Sturmdächer der kletternden Kriegern aufzuhalten. Troja hielt die Belagerung der Griechen in die zehen Jahre aus. Tyrus in Phänicien hielt die Siegsläufe des grossen Macedoniers geraume Zeit auf. Psametichus, der Aegyptiern König, verzehrte vor der Stadt Azotus dreyßig Jahre. Numantien gab in Hispanien dem Scipio vierzehen Jahre zu thun, bis er in ihre Ringmauern einen Zugang fand, und was Schweiß und Blut kostete es die Römer, Carthago endlich mit Feuer und Brand in einen Aschenhaufen zu verwandlen.

Unsere Zeiten sind nicht mehr so zaubernd, man hat nun Mittel gefunden, die vestesten Städte über den Haufen zu werfen; der Raum ihrer Werkern ist beynahe manchmal so groß, als die Städte des Alterthums. Es ist den Vögeln allein vergönnet sich dahin zu begeben; andern sind die Wege einzukommen versperrt, allein sie

sind

sind von darum nicht unüberwindlich. Der Hunger, sonst ein drittgendes Mittel die Portenschlüssel zu erhalten, wird nun dem Gewalt nachgesezt. Man zerschneidet die Schoos der Erde in Laufgräben, und nöthiget diese allgemeine Mutter der Menschen ihren Kindern untreu zu werden. Die Canonen speyen ihre eisernen Kugeln an die Mauern, und lösen das Verbündniß der Steinen entzwey; sie eröfnen dem Soldaten den Weg, seine Fahne auf den Schutt der zerschmetterten Wänden zu pflanzen. Die Belagerten hören so viele Befehle sich zu ergeben, als Carthaunen donneren, und so viele Bomben aus den Kesseln ihren feurigen Unrath über die Wohnungen ausstreuen, so viel brennende Aufforderungen sind es, das weisse Stangentuch aufzustecken. Der zitternde Boden ängstiget sie, und will sich von ihnen nicht mehr tretten lassen. Die Luft ist mit glücenden Cometen über ihren Häuptern beleuchtet, welche ihnen den Tod gewisser drohen, als jene, so die Natur an den Himmel aufhängt. Man will zwar die Bürger nicht tödten, allein schonet man ihr Leben nicht, weil die Inhabung der Stadt der Zwek der Belagerer ist, welche oft ein ganzes Kriegsheer ausmachen. Der Abgang eines Entsatzes ist das Unheil der Einwohneren. Sie finden keine Strase den Feinden zu entfliehen, und wenn sie sich in die Gewölbe versperren, wissen sie nicht, ob sie der stürmende Feind darinnen nicht erwürge, oder die fallenden Bomben nicht zerschmetteren. Der Jammer der Nothleidenden, das Zettergeschrey der Kinderen, das Wehklagen der Beschädigten, das Seufzen der Sterbenden vermehret den Schrecken. Wälle, Schanzen, Thürne, Schlösser, Basteyen und Bollwerke, Courtinen, Parapeten, Ravelinen, Halbemonden, Minen und Casamaten klagen mit krachendem Zerbersten ihr Unvermögen, dem Gewalt Einhalt zu thun; und wenn das Menschenblut noch über die Steine fliesst, bezeugt es mit seinem süssen Geruch, wie bitter die Zeiten eines Kriegs seyen.

Wie viele Städte traf der leidige Jammer in diesem Krieg. Das ausgesaugte Leipzig in Sachsen, das seiner Zeughäuseren beraubte Bremen, das bedrükte Erfurt in Thüringen, das bedrängte Königsgräz in Böhmen sind eines Andenkens würdig, die andern verunglükten Orte sind nur Kleinigkeiten, wenn wir sie mit jenen vergleichen, welche auf dem Kriegstheater in Blut und Feuer erschienen sind.

Prag, die Hauptstadt in Böhmen, war von dem Unglük Prag. betroffen, welches ihm in vergangenen Unruhen so hart fiel, daß es die Drangsalen bis dahin von der Moldau noch nicht vollends hinweggeschwemmt sah. Die Stadt Aussig war schon in Preussens Händen, und dieser königliche Residenzplaz hatte nun keine andere Träume, als die preussischen Adler in Bälde vor seinen Porten flodern zu sehen, von dessen Schnabel es schon ehemahls ziemlich gebükt war. Das unglükliche Treffen auf dem Zißtaberg den sechsten
1757. May traf sie eben; und da sie eine flüchtige Armee in sich aufzunehmen hatte, stund ihr das Elend ihrer Inwohnern in Mangel der
Lebens-

Lebensmitteln vor Augen. Prag stach schon öfters seine Werber in das Auge. Ihr Pracht und Schönheit lokte, wie ein buntes Blumenbette die Wespen und Hornissen, also seine Feinde gegen sich. Der kluge Friedrich, König der Preussen, trug bereits etliche erfochtene Lorbeerreisser auf der Pekelhaube, und er hofte, Prag werde ihm wohl das herrlichste dahin stecken. Die Eroberung dieses Platzes schien ihm eine entschiedene Sache zu seyn, und der Fall von Böhmen könnte ja nichts anders, als ein tödtlicher Herzstoß für Oesterreich betrachtet werden. Trauren und Wehklagen war in Prag allgemein. Die Thränen flossen aus den Augen, ehe sie die Feinde in der Nähe erblikten. Die Vorrathskämmern konnten dem Burger und Soldaten die Nahrung ohnmöglich versprechen, weil die Zufuhr von denen anbringenden Preussen gehindert war. Die Porten der Magazinen kirreten in ihren Anglen, und bedaureten den baldigen Hunger, welcher dem Soldaten die Kräften, dem Bürger das Leben, und der Stadt die Portenschlüssel abbringen würde. Brod und Fleisch stiegen in den höchsten Werth, und mußten viele tausend ihr mattes Leben auf eine kleine Weile dem hungrigen Tod theuer abkaufen. Der Jammer war von den feindlichen Bombenfackeln und Feuerkugeln erbärmlich beleuchtet, und konnte ein mancher, dem das Licht mangelte, bey dem Praßlen der angestekten Häusern sein schlechtes Brod abnagen. Das Schießpulver war Salz und Gewürz, die Speisen mit einem kriegerischen Geschmak niedlich zu machen. Der Tod war ihm gram, daß es zur Nahrung der Sterblichen dienen sollte, da er es zu dero Ermordung gemiethet hatte; und das Unschlitt triefte die magere Suppe, damit es dem Dacht des menschlichen Lebens zu Diensten wäre. Arme und unbrauchbare Leute wurden aus der Stadt getrieben. Ihr Elend sollte die Noth von Prag dem Feind kund thun; und war dieser Ausfall eines armseeligen Völkleins zur Erbarmung der Preussen, und zur Erleichterung der Belagerten geschehen. Die Unglüklichen fanden aber keine Ernährer. Sie wurden in die Stadt zurükgetrieben, und verkündigten, daß die erzürnten Belagerer von Mitleiden nichts wüßten. Alles arbeitete, die Stadt zu vertheidigen. Der kühne Herzog Carl von Lothringen wagte die muthigsten Ausfälle; und durch den heldenmüthigen Loudon zeigte er den Gegnern, daß die Herzhaftigkeit den Oesterreichern noch nicht entwichen seye. Löwen seyen auch inner den Mauren zum kämpfen bereit, und behalten die Adler ihre Grosmuth, wenn sie schon einige Schwingfedern verlohren hätten, das Kriegsglük lasse sich an keinem Theile anbinden, und seye es die größte Thorheit, selbes für sich in Ketten und Bande schlagen wollen, es seye niemahl mehrer zu fürchten, als wenn es zu viel schmeichelt, und gleiche es öfters einem Wind, welcher, da er einem Schiff die Segel aufbläßt, selbes an die Klippen treibt, und scheitern macht. Prag seye in vier Städte getheilt, deren jeder Wappenschild Thürne und Mauren tragen; und hoffe Oesterreich hinter diesen einen glüklichen Tag, welchen Prags Schuzpatron, Johann von Nepomuk, bey dem Allerhöchsten sicher erbetten könnte. Die Gunst des Himmels bliebe nicht lange abwesend, obschon die erstatterte Stadt sie in der Dunkle noch nicht erkannte. Ein entsezliches

ches Gewitter zog sich in der Luft zusammen. Donner und Blitze brachen und krachten ob der wackelnden Stadt. Die Feinde glaubten den Himmel zu einem Bundsgenossen angeworben zu haben, sie mischten Bomben und Feuerballen mit den Donnerkeulen. Beyde Feuer trugen Tod und Untergang des auf das äusserste gelangten Prags in der Luft herum, männiglich glaubte, das Ende der Welt und der Sturz zerbrochener Himmelslichtern wäre zugegen. Das Geprell der Canonen erschütterte das Erdreich, und das Rasseln der Donnerstreiche war mehr als derselben Echo aus den düsteren Wolken. Getümmel und Geschreye thöneten aus den bebenden Mauern, und weil den Einwohnern die Thränen, wie David und seinem Gefolg wegen dem Brand von Siceleg, bis auf den letzten Tropfen ausgeflossen waren, liessen die gefüllten Nebel ihr Gewässer in klatschenden Güssen von sich. Der häufige Regen erwiese den armen Einwohnern, daß der Himmel auf ihr Gebet erweicht seye. Die anschwellende Moldau trug mit frohen Wellen die Schiffe der Feinde, so der erbitterte Strom von den feindlichen Brücken abriß, in die Stadt, und brachte die Hofnung besserer Stunden an dem Bord heran. Eine ankommende Schiffbrücke der Feinden zeugte, daß das Gewitter ganz andere Absichten hätte, als die Furcht vorschwätzte. Wahrhaftig! die unerschrökte Tapferkeit der Besatzung, das verwüstete Lager der Feinden, und die gute Post von **Chozemiz** und **Planian** gab den Sachen einen anderen Lauf. Prag ward in freyere Luft gesetzt, und der Feind aus seinen Verschanzungen mit gröstem Verlust ausgejagt. Der wegen seinem beschädigten Wohnsiz und Grabstätte zu Sanct Veit entrüstete Schutzheilige von Böhmen wußte sich zu rächen, und die Feinde erfuhren, daß auf der kleinen Seite eine grosse Macht wäre, ihre Anschläge zu vernichten, welche sie mit zwey und zwanzig tausend Bomben und mehr als hundert dreyßig tausend Canonenkugeln, zu Prags äusserster Verwüstung, geäussert hatten. Wie gering sind Menschenkräften, wenn GOtt ihnen nicht beytritt; und wie schwach sind sterbliche Riesen, da der Himmel dem Unheil der Bedrükten vorbeugt.

Zittau, **Zittau**, eine schöne und volkreiche Stadt in der Oberlausiz, hat einen ewigen Jahrtag in den Catacumben seiner eingeäscherten Häusern zu beklagen; es hat seine Thränen mit Aschern überstreut; und das Gedächtnis seiner Verwüstung in ferne Jahre auf den schwarzen Steinen der Brandstätten zu lesen. Die Hartnäckigkeit des preußischen Befehlshabers, und seine Großmuth, die Schuldigkeit eines getreuen Commendanten zu erfüllen, gab den 22.Julius Oesterreichern die Brandruthe in die Hände. Sie wollten die jen-1757. seitige Magazine erobern. Sie vermochten dem Feuer keine Befehle zu geben, daß es wider die Unterthanen Sachsens nicht wüthete. Der Fluß Neisse trug freylich seine Gewässer im Vorbeygehen an; allein, da die Canäle der Stadtbrünnen von denen Belagerern entzweygehauen waren, floß das Wasser, wo man es nicht nöthig hatte, und das Feuer rasete bis auf wenige Wohnungen, wo es es mit seiner Hitze, wie aus den Pflanzen in dem Brennkolben die Safttropfen, also aus den Augen der ächzenden Bürgeren die häufigen Thränen schmolz. Es war zum Leidwesen der Oesterreicheren in einen Haufen von Schutt und Asche verwandelt; und sie konnten keine Beschuldigung auf sich nehmen, weil man oft ein mit bösen Feuchtigkeiten beschädigtes Glied, den übrigen Leib zu erhalten, durch Feuer und Eisen absondern muß.

Neisse, in dem Fürstenthum Grottkau, würde seine 1758. Mauern mit Menschenblut befleckt gesehen haben, wenn seine Belagerung von dem schleunigen Friedrich, seinem König, nicht würde gestöret worden seyn. Es hat seine Erhaltung einem Helden zu danken, dessen Hirn auch in den Unfällen zur Erholung der Tapferkeit fertig ist; und welches auf Mitteln von seinen Siegen Folgen zu haben grosse Bedachtsamkeit hat. Er schreitet über Gefahren mit steifem Fuße, und er führet seine Heere nicht so in das Feld, wie Peter der Blesenser die Krieger seiner Zeit beschrieb, welche sich nicht mit Eisen, sondern mit Weinkannen, nicht mit Lanzen, sondern mit Käßscheiben, nicht mit Schwerdtern, sondern mit Sauffschläuchen, nicht mit Helleparden, sondern mit Bradspiessen beschäftigten. Er vermehrt den Beschreib sothaner Kriegsweichlingen noch weiter: Du wirst eher glauben, daß unsere Soldaten zu einem Gastmahl und Schmause, als zu dem Krieg, ausrucken. Ihre goldene Schilde sind ihnen zu kostbar, als daß sie selbe in den Gefahren der Feldschlachten feindlichen Pfeilen bloßgeben. Gewinnste und Rauben sind ihre Heldenthaten, und sie lassen ihren Waffen die Ehre, wie die unbetasteten Jungfrauen, ohnbefleckt wieder nach Hause zu kehren (k). Treskow, der Befehlshaber, that seiner Pflichten genug, und blieb das Erdreich vor Neiß dennoch nicht von dem Menschenblut unbenezt. Greuliches Unwesen des Kriegs! mußt du denn auch stumme Batterien und leere Berennungen mit dem rothen Saft des menschlichen Lebens bezeichnen?

Berlin, die Hauptstadt in der Mittelmark Brandenburg, war von denen Verspritzungen des Menschenbluts nicht leer gelassen. Sie rühmt sich nicht eine Vestung zu seyn. Ihre Fürsten, welche zu der Churhaube Preussens Krone an der Stirne tragen, sind die einzigen Brustwehre, so die getreuen Bürger vertheidigen können. General Haddik besuchte es, da es an Feinde nicht dachte, und die Spree erstaunte, daß sie von Oesterreichischen Falkaunen und Stücken bestrichen war, da sie aus ihren Wässern nur die Lustfeuer und Pulverflammen in Waffen geübter Soldaten zeithero entgegen blizte. Sie

(k) Si milites nostros in expeditionem ire quandoque oporteat. Summarii eorum non ferro, sed vino, non lanceis, sed caseis, non ensibus, sed utribus, non hastis, sed verubus onerantur, credas eos ire ad domum convivii, non ad bellum. Clypeos deferunt optime deauratos, praedam potius hostium cupientes, quam certamen ab hostibus. Et eos referunt, ut ita loquar virgines & intactos. Petr. Blesensis. Ep. 134.

Sie bewunderte einen österreichischen Cocles, welcher sich zwar nicht bis auf die abgerissene Brücke gegen die Hetruscer, als einen Helden zu Rom, setzte, sondern der ihrigen mit seinen wohl abgeschikten
1757. Kanonkugeln die Ketten entzwey brach, und in Berlin eindrang. Die Besatzung, so klein sie war, focht wider die Eindringenden. Die Königin verließ die Stadt, und suchte in Spandau ihre Sicherheit. Ihr betrübter Abschied nezte die Wangen mit fürstlichen Thränen. Die von ihrer mildreichen Königin verlassenen Bürger schütteten die ihrigen darzu; und Berlins Pflastersteine wurden indessen mit Blut gefärbt. Baboczay, der unertatterte ungarische General, blieb auf dem Plaz, und mischte sich das Blut der Oesterreichern und Brandenburgern an einem Ort, wo es niemand vermuthete. Geld und Abzug machten dem blutigen Geschäft ein Ende, und der seinem prächtigen Aufenthalt zur Erlösung kommende Friedrich beschleunigte den Rukzug der Oesterreichern. Der andere Be-
1760. such, den Berlin von den Russen unter dem General Tottleben hatte, schien ernstlicher. Es kostete Blut, bis die Moscowitten durch die Thore einkamen, und sie genossen Berlins Luft zur Last der Bürger. So streng die Mannszucht war, ließ doch der Krieg sein schlimmes Beleidigungsrecht nicht ungeübt. Das königliche Zeughaus wurde geleert, die Pulvermühlen gesprengt, und das Gießhaus von innen verheert. Unternehmen der Helden, und ausgedachte Ueberfälle sind an sich Meisterstücke der Kriegsklugheit. Sie haben doch manchmal ihrer Grösse von dar etwas zuzugeben, weil der Herr nicht zu Hause war. Die Adlersneste leiden weniger Nachstellungen, wenn der herzhafte Vögel ober seinen Jungen umfliegt, als da er von selben in dem blitzenden Gewölf sich abwesend macht. Furcht und Ertatterung werden gleichwohl Berlin unvergeßlich bleiben. Ihre Aufzugbrücke wird den ewigen Vorwurf leiden müssen, daß ihre Ketten den feindlichen Kanonenkugeln so bald gehorchten, und entzweyschnellten. Der Wappenbär dieser herrlichen Stadt wird sich die österreichischen und rußischen Trompetenstöße immer in den Ohren thönen lassen, bey welchen er unverhoft zu tanzen hatte; und wenn schon der Wind die Fustapfen der Russen, Cosaken, Croaten, Jazigern, Hussaren und Carlstädtern in den sandigten Gegenden Berlins zerblasen wird, bleibt es doch wahr, daß auch selbiges der blutige Krieg getroffen habe.

Olmüz in Mähren kam auch in das Gedränge einer mißlichen Belagerung. Es hatte zwar die Ehre, von Friedrich, der
1758. Preussen König, selbst besucht zu seyn. Er geboth ihm schon einige Zeit in dem ersten schlesischen Krieg; allein die Friedensruhe rüstete es zu dem künftigen Krieg aus, und seine Wälle kamen zu einer solchen Vollkommenheit, daß sie seinen Feinden so viel Fäuste, als Steine, zeigen konnte. Diese Vestung war, als der Schlüssel zu den österreichischen Erblanden, so versichert, daß sie von einer auch erfahrnen Hand so bald nicht sollte zur Aufsperrung des grossen Thors von Mähren gebraucht werden können. Das unglükliche Lissa in Schlesien schlug Oesterreichs Völkern solche Wunden, daß
sie

sie die Winterzeit zu kurz fanden, selbe zu Königsgrätz und Jaromirz auszutheilen. Wien vertraute die erhebliche Ergänzung der zerschliffenen Truppen dem vorsichtigen Feldmarschallen Daun vollends an. Er that, was seine Pflichten heischten, und war er wie ein Strom, welcher sich zu erbreiten die abseitige Bäche nach seinem Rinnsaal herbeyleitet. Der siegende König in Preussen kam aus dem Lager vor Schweidnitz, so er in dem April eroberte, mit einem jauchzenden Heer in das Feld. Sein Herzenswunsch gieng dahin, die Frühlingstäge mit dem Degen zu öffnen; und da die Blumen aus der Erde kamen, neue Reisser seiner Kriegspalmen zwischen selbe zu pflanzen. Daun wich dem Gefecht, wie ein kläglich zaubernder Fabius, aus; und der König lokte ihn, damit er mit ihm unter den donnernden Kanonen sprechen möchte. Beede Helden fochten mit einander in Gedanken, ehe das Schwerdt aus der Scheide kam. Ihre Anschläge waren nicht so verborgen, daß ihre durchbringende Einsichten selbe nicht ziemlich nahe erriethen. Ein einmahl gebeizter Reiger sucht den Augen eines Falken nicht so genau zu entwischen, als Daun dem König Preussens, welcher das lachende Glük unter seinen Standarten führte. Er erhielt sich in dem Stand, den Anfällen seines Gegners sich zu widersetzen, und er vermeidete alles, was ihm gefährlich schien. Der König erwartete Daun; und Daun wollte dem König das Blaue in den Augen zur Zeit nicht sehen. Beede waren denkende Helden, und gegen sich klügelnde Feldherren. Die Belagerung von Olmüz, an dem Fluß Morava, sollte das Kedor werden, einen Waffenzank zu stiften. Die Stadt war von dem preußischen Heer umrungen. Man glaubte ganz sicher, der Friede werde auf den Basteyen von Wien unterzeichnet werden müssen. Der Schritt Friedrichs war weit genug; und ein so naher Feind sezte ganz Oesterreich in schweren Jammer. Marschall, der geprüfte Befehlshaber von Olmüz, ließ an sich nichts ermanglen, und da er seine Großmuth vor Jahren einem Marschall von Frankreich zu Mastricht erwieß, wollte er selbe in keinen niederern Stufen gegen einen gekrönten Fürsten aus Olmüz blicken lassen. Er ließ die besten Ausfälle auf die Belagerer thun, und brach ihnen die Adern in den Laufgräben zum Verbluten auf, da sie die Erde mit Karschen und Schaufeln aufstachen. Daun näherte sich mehr und mehr zum Entsaz, und seine Klugheit fand einen Weg, die Besazung mit frischen Kämpfern zu vermehren. Die blutigen Scharmüzel dauerten immer auf beyden Seiten, die königlichen Magazine stunden ziemlich leer; und da der gehofte Uebertrag der Mund- und Kriegsnothwendigkeiten über Troppau von dem heldenmüthigen Loudon und Siskowiz bey Neudörfel erobert und zu Grund gerichtet ward, schöpfte das eingeschränkte Olmüz bessere Luft, und die Belagerung ward aufgehoben. Den Abschied sagten die beynahe von allen Batterien abgelößte Kanonen; ihre Sprache war heftiger, als der Gruß, den sie an die Mauern von Olmüz warfen. Sie gliche einem Gewitter, welches in dem Abgang des ferneren Schwefels- und Salpetervorraths sich auf einmahl mit einem förchterlichen Klapf ausleeret; und jenen feurigen Luftdrachen, welche die meisten Flammen ausspeyen, wenn sie erlöschen. Wankelmü-

thiges

thiges Glük, wie kurz sind deine Blicke, die von dir auf deine Günstlinge fallen. Du dekst deine Grausamkeit unter der Schmeicheley; und verlässest die Deinigen, da sie dir doch Blut und Leben opferten. Die Worte des Tullius sind die ächten Farben, dich und deine Lieblinge zu schildern: Nicht nur du trägst blinde Augen in dem Kopf, sondern auch jene sehen nichts, so in deinen Armen ruhen (1), und in einem gefährlichen Schlummer die Augen schliessen.

Bamberg in Franken hat die Thränen noch in den Augen, mit welchen es seine Feinde zweymahl in sich sehen mußte. Die Rednitz, so ihre Palläste zu prächtigen Ufern hat, wird sich ebenso der in den Maynstrom nicht mehr ergiessen, als Bamberg die erduldete Drangsalen dieses Kriegs aus dem betrübten Gedächtnis entwischen lassen. Driesen und Kleist haben sich in dieser bedrängten Stadt ewige Denkmaalen des feindlichen Verfahrens gestiftet, und des Obristen Mayers, obschon geringer Name, wird zum Scheusal spater Enkeln nicht vergeßlich werden. Es ist dieser anmuthige Ort von der Fruchtbarkeit das Paradeis Franconiens genennt, und sind seine Mauern nicht so viel von Steinen, als Gärten, verfertiget, welche auch die Grausamsten von der Verwüstung inhalten sollten. Allein dieses fränkische Eden war nicht nur einmal zu einem unfreundlichen Besuch von dem herben Verhängnis bestimmt. Der schwarze Husar brachte Tod und Schrecken an seiner Mütze herbey, und er war der unseelige Cherub, der Bamberg nicht zu verwachen, sondern zu zerstören seinen Sabel ausser der Scheide schwang. Das Getös der Waffen schwirrete dort, wo die Zephyrwinde die Pflanzen liebkoseten, und war der holde Frühling selbsten die unglükliche Jahrszeit, worinnen seine edle Gärtnerey mit Menschenblut besudelt, und mit Feuer verheeret wurde. Die blühenden Bäume änderten sich in falbe Cypressen, und die grünenden Auen in eine Wildnis. Was der emsige Menschenfleis gepflanzet hatte, ward von den grimmigen Feinden verwüstet; und was die Natur zum Genuß des lüsternden Mundes bestimmte, wurde von den Füssen der tobenden Preussen zertretten. Die wehklagende Bürger konnten ihre Bitterkeiten mit dem süssen Holz nicht mehr verbessern, und schien es, daß ihre Zwiebeln dem Jammer ihre Schärfe beygebracht hätten, den geplagten Inwohnern die Thränen auszutreiben. Sie sahen aus dem Brand der Vorstädte die gänzliche Einäscherung ihrer Wohnungen vor; und war ein jeder durch die Luft getriebener Funke ein schreckender Comet, von dem man den Umsturz des edlen Bambergs muthmasen konte. Die schleunige Capitulation hatte dem Uebel vorzubeugen; und die gesammelte Lösegelder waren das Mittel, der Grausamkeit noch eine kleine Menschenliebe abzuborgen. Die geheiligten Kirchenschätze mußten die unmäßigen Foderungen begnügen; und da sie zuvor die Altäre GOttes in den Tempeln zierreten, fielen sie in die Hände derjenigen, welche an ihnen nichts,

1758. und 1762.

als

(1) Non solum ipsa fortuna cæca est, sed eos etiam plerumque cæcos efficit, quos complexa est. Cic. de amicit.

als das Metall, schäzten, und selbe zur höchsten Bestürzung frommer Gemüthern auf hundert und fünfzig Wägen nach Babylon abgeführet hatten, wohin sie mit den mitgenommenen Geisseln unter Ach und Weh begleitet waren. Bamberg war nicht nur entheiliget, sondern entwafnet, da es seine Gewehr theils geraubt, theils zerschmettert sah. Ein so böses Ding ist es um die Rache, wenn sie von Unbarmherzigen genommen wird; sie weiß von einem Mitleiden so wenig, als das Feuer von der Kühlung; und gleichet sie einem brennenden Wetterkeul, welcher in der Erde allererst ruhet, wenn er das Getroffene zertrümmert, oder mit der wilden Flamme verdorben hat.

Schweidniz in Niederschlesien war ein Ball, mit welchem der Kriegsgott spielte, und selben mit Blut gefärbt, bald in jene Hand warf. Viermahl wechselte es seinen Gebiether, dem es mit Blut und Thränen allemal huldigen mußte. Es war zur Prüfung grosser Helden bestimmt, welche sich auf den Wällen von Schweidniz die Mauerkrone an die Scheitel sezten. Der heldenmüthige Nadasti wezte seine Tapferkeit zum ersten an dieser Vestung, und kan die Nachwelt sich bey Schweidniz allein erkundigen, zu was für einer Höhe dessen Heldenthaten gestiegen wären, wenn ihn verdrießliche Umstände nicht aus dem Felde geruft hätten. Er hatte getreue Mitkämpfer bey sich, welche aus Schweidniz ein sonderliches Ehrengeschenke an den kayserlichen Hof zu Wien zu machen entschlossen waren. Ganz Schlesien erzitterte, als die österreichischen Kanonen gegen dieser Stadt donnerten. Das Feuer goß sich aus selben über Schweidniz aus, und die eingeworfene Bomben sezten es in die nächste Gefahr in Staub und Asche versenkt zu werden. Das Klaggeschrey der Insassen flog mit den Rauchballen des praßlenden Magazins an die Wolken, und da diese davon geschwärzt waren, muthmasete Schweidniz die Ungunst des Himmels aus dem finstern Antliz. Die stürmenden Belagerer brachen endlichen durch die Breche in die Stadt, und gewannen die Uebergab derselben, welche der unerschrockene Commendant, General von Sehrs, allein um Blut zu geben dachte. Er mußte harte Bedingnisse unterzeichnen, und mit Grunkow, Rebentisch, Mitschfahl, und einer ansehnlichen Besatzung in die Kriegsgefangenschaft wandern. Der Verlust von Schweidniz lokte den klugen König aus Preussen zur anderten Belagerung. Er gab ihm auf seine Heldenbrust einen solchen Stoß, daß sein grosses Herz, das entführte Kleinod zurük zu nehmen, wache ward. Er griff es mit einer gekrönten Herzhaftigkeit an, und beschoß es von neun Batterien. Kanonen, Haubizen und Mörser verstunden sich so gut mit einander, daß sie sich in der Würkung nicht hinderten. Sie hatten ihre Mundungen zu Lissa so gut geöfnet, daß sie nun mit Steinen und Bollwerken sprechen konnten, wie sie mit dem österreichischen Heer in dem Felde sich unterhielten. Der gewagte Sturm befahl dem Befehlshaber, dem Feldmarschallieutenant Grafen von Thierhaim, die Chamabe zu schlagen, und er verband ihn, die nemlichen Verträge zu unterschreiben, so den abziehenden Preuſſen in der erſten Belagerung aufgebürdet waren. Loudon der Tapfere, und Hercul Oeſterreichs wollte ſich vor Schweidnitz oben auch einen Lorbeerbuſch auf ſeine Pickelhaube ſtecken. Treu

1761. und Tapferkeit trieben dieſen unerſättlichen Kriegsmann zu einer ohnunterbrochenen Folge ſeiner Groſsthaten an. Er roch an Schweidnitz einen Biſſen, der ihm den Heldenhunger in etwas lindern könnte. Er geſellte ſich Czerniſcheff, den Befehlshaber der Moſcowitten, in den Berathſchlagungen zu, und beyde Bellonens ſöhne vereinigten ſich ſo gut, daß der Angriff dieſes Platzes feſt geſetzt war. Niemal hat man Völker von zerſchiedenen Ländern ſo behend in einen Entſchluß gebracht, als bamals geſchehen. Die Eintracht war allgemein; und das ſtille Geheimniß blieb unter ſo vielen tauſenden zur Erſtaunung verborgen, weil die Nacht der Arbeit günſtig war. Drey Stunden waren genug, die Heldengedanken auszuführen, da andern kaum ſo viel Monath klekten. Die Beleiterung von Schweidnitz war ein Meiſterſtük der vollkomminſten Kriegskunſt; und werden es die Werkmeiſter eines Weſtungsbaues immer bewundern, daß man die Mauern eines Platzes nicht nur wider die Stukkugeln nicht zu dicht, ſondern gegen Leitern einſteigender Soldaten nicht zu hoch verfertigen könne. Schweidnitz war an zerſchiedenen Orten beſtiegen. Die munteren Soldaten traten einander in die blutigen Fuſtapfen. Die von einem falſchen Angriff verwirrte Beſatzung ſah die öſterreichiſchen und rußiſchen Standarten auf ihren Wällen flobern, da ſie ſelbe noch in den Laufgräben ſuchen wollten; und ſie ſah mit Erſtaunung ihre eigenen Kanonen von dem erfahrnen Artillerieobriſten Nouvroy gegen ſich abfeuern, die Zaſtrow, der Commendant, ſeinen Conſtäblern eben auf die Berenner loszubrennen befahl. Er konnte nicht faſſen, daß ein Werk ſo zu beſchleunigen wäre, welches nur durch Staffeln der Leitern gieng. Er mußte ſich von den Siegern einen guten Morgen

1. Oct. ſagen laſſen, da er ihnen einen böſen Tag wünſchte; und er bekennte
1761. mit Ueberlaſſung der Weſtung, und ſeiner Kriegsgefangenſchaft, wie der erwachende Jacob nach der erblikten Himmelsleiter, daß Schweidnitz ein erſchrecklicher Ort wäre (m). War dieſe Stadt nun des Blutvergieſſens gewohnt, ſo ſollte ſie ihre Veſtungswände auch das viertemal von ſelbem befeuchtet ſehen, da Preußens König ſie aus den Händen beyder muthvollen Vertheidigern, Guaſco und Griebauval, zu reiſſen anrufte. Der abgewichene Krieg hat unter ſeinen Belagerungen zu Schweidnitz die blutigſte aufgeſtellt. Sie war die letzte, weil die Sachen ſich nicht höher treiben lieſſen.

1762. Neun Wochen hatte Schweidnitz keine Ruhe, und dabey alles Unheil, was der Krieg, o! dieſer böſe Erfinder, erdenken kan. Die Belagerer waren hartnäckig, und die Belagerten ſtandhaftig. Stürme und Ausfälle wechſelten immer, wie blutig ſahe es bey ihnen aus. Guaſco wich mit ſeiner Beſatzung nur Schritt nach Schritt, und dieſes ſehr langſam, weil er öfters wieder in die alten Fuſtapfen trat. Die in Pulver faſt gebratne und von Rauch geſchwärzte Beſatzung, die ausgebrannte Zündlöcher der Kanonen
bezeugen,

(m) Terribilis eſt locus iſte. Geneſ. 28.

bezeugen, mit was Tapferkeit Schweidniz vertheidiget war. Der umsonst gehofte, und mit merklichem Verlust zurukgetriebene Entsaz, die verzweifelten Anfälle der Preussen riethen endlich die Uebergab des Plazes, auf dessen Glacis, auf dessen Mauern so viel Menschenblut floß. Schweidniz, wie theuer kamest du! Guasco und Gribeauvall mit anderen sind bennoch wegen dir ewig gepriesen; Guasco erhielt zur Belohnung das Groscreuz des Theresienordens, und nun ist er tod; damit Schweidniz allein die Ehre hätte, von ihm vertheidiget worden zu seyn.

Breßlau, die Hauptstadt des Fürstenthums gleichen Namens, konnte sich keine Ausnahm von dem blutigen Gefecht verheissen. Es ist zu ansehnlich, als daß man seiner hätte verschonen sollen. Sein erster Uebergang an Oesterreich war die Folge 1757. des erhaltenen Siegs. Es sah die Niederlage der Preussen von seinen Basteyen und Enveloppen auf den nahen Feldern, und fand sich Lestwiz, der Commendant, zu schwach, ein siegendes Heer aufzuhalten. Das Geschik schrieb ihm einen nahen Tag an, betrübtere Umstände zu erleben. Das für Oesterreich unglükliche Treffen bey Lissa ward Breßlau eine blutige Post, sich auf einen ernstlichen Angriff verfaßt zu machen. Er erfolgte, und die muthigen Preussen liessen an sich nichts ermänglen, ihrem König die verlohrne Kostbarkeit wieder einzuhändigen. Beyde Theile erfüllten ihre Schuldigkeit; und da zwey Heere gegeneinander fochten, das eine inner, das andere ausser den Mauern, mußte beyder Hartnäckigkeit ihr Gewerb mit aufgerizten Adern treiben. Die rauhe Jahrszeit vermochte nicht das Blut zu erkalten, weil es von der war- 1757. men Lunge tapferer Männer floß; und waren Frost, Regen und Schnee, das Feuer des Heldenmuths zu löschen, unfähig. Sprecher, der Commendant, fand endlich keine andere Worte mehr, als sich mit einer eingeschlossenen halben Armee streitbarer Fechter zu ergeben; der in die Luft geflogene Pulverthurn, und das entflammte Arbeitshaus der Feuerwerkern machten ihn vollends stumm, und er war zum Schrecken Wiens und dessen Alliirten gefangen. Loudon, der Tapfere, hegte grosse Begierden, die Schmach Oesterreichs an Breßlau noch einmal zu rächen. Seine heldenmäßige Verfassungen wußten von keinem Schlummer, so wie die grossen Flüsse der Erde, welche stille zu stehen nicht gewohnt sind; allein, da die Verfügungen der Feinden seinen Absichten entgegen waren, und die Annäherung des Prinzen Heinrichs von Brandenburg den Entsaz drohete, war er mit dem begmügt, daß er Breßlau mit Bomben, Haubizgranaten und Feuerkugeln in wenig Stunden erwiesen habe, wie kurz Tauenzien, der Commendant, 1760. sich würde gehalten haben, wenn die Klugheit den Abzug nicht gerathen hätte. Der Brand des königlichen Pallasts, und die Einäscherung zerschiedener Wohnungen waren für Breßlau bereits solche Dinge, die ihm Ursache geben, den lezten Krieg einen blutigen zu nennen. Die Gefahr zu übersteigen, oder selber auszuweichen fodert keine ungleiche Vernunft. Die Kühnheit muß in dem ersten

gemä-

gemäßiget seyn, daß sie keine Falle werde, und die Klugheit hat die Tapferkeit in dem lezten zu rechtfertigen, daß sie von ihrem Wesen nichts verlohren habe. Ein Held läßt von seiner Heldensarbeit sogleich nach, und er stehet in Mitte des Laufs auf der Rennbahne des Grosmuths stille, wenn ihm die Erkänntnis besserer Folgen die weitere Schritte mißrathet. Loudon war nicht wie die Branders, oder Feuerschiffe zur See, welche ohne Steuermann und Compaß nur auf Schaden anderer von dem Wind getrieben, und endlich sich selbsten zum Untergang werden. Sondern er glich einem vorsichtigen Piloten, welcher seine Galeere aus der Gefahr des Sturms auszuführen weiß; damit er sich selber ein andersmal besser gebrauche.

Cüstrin in der neuen Mark Brandenburg war die Zielscheibe der rußischen Feuerwerkern. Die Ebene gibt ihm eine gute Lage, und der Einfluß der Warte in die Oder füllt seine Wassersgräben zum Vortheil seiner pentagonischen Westungswerkern. Die Moräste und Pfützen, von welchen es umzingelt ist, dienen seiner Sicherheit wider behände Anläufe. Sie machen die Arbeiten der Minen, Sappen, Paralellen und Laufgräben meistens unnüße, und verschlingen die Carthaunen, ehe man ihnen ein Bett zurecht bringen kan. Es ist die Zuflucht der preußischen Schäßen, wenn sie von Gefahr bedrohet werden, und sind sie wohl nirgends anders besser zu bewahren, als in Cüstrin, weil die Hände der Räuberen dahin nicht langen mögen, wo ein Fuß kaum über die zwey und dreyßig Brücken des grossen Damms kommen kan. Die hißigen Moscowitten unter dem General Fermor pakten es dennoch an. Ihre Feuerkugeln fanden ihren Weg durch die Luft; sie überflogen die Moräste; die zischenden Bomben spotteten des ungangbaren Erdreichs, und legten das arme Cüstrin in einem Tage in einen warmen Aschenhaufen, welcher mit Blut und Thränen der Bürgeren betrieft ward. Armseeliger Anblik! die Westungsgebäude blieben ziemlich unbeschädigt; und sie hatten nun nichts zu thun, als den grauen Brandstaub verzehrter Wohnungen und ein bis in Tod bestürztes Volk der unbeglükten Inwohnern einzuschliessen.

1758.

Dresden, o! das prächtige Dresden fühlte ebenfalls die Verwüstung der schönen Churlanden, davon es die Hauptstadt ist. Seine Herrlichkeit verdiente der Apfel des Zweytrachts zu seyn. Der Himmel gab ihm vieles Bittere zu verkosten. Der Tod seiner lieben Königin und Churfürstin dekte die Neu- und Altstadt von Dresden mit einem düstern Flor. Das betrübte Schikfal der jungen königlichen Herrschaften überstreuete die Gutgesinnte mit Wermuth und Aloe; und sein abwesender August füllte es mit Elend und Jammer. Es mußte Fremden die Huldigung leisten, und ihren Befehlen gehorchen. Gewalt und Schärfe waren das Wiß, so man den Bürgern einlegte; und es kam dahin, daß es seinen Fürsten abzuschwören hatte, die es doch nicht anders, als lieben sollte.

sollte. Die aufgehende Sonne bracht ihm Schrecken, und die untergehende Furcht und Schwermuth. Zwey Belagerungen werden in Dresdens Jahrschriften merklich bleiben. Beyde waren für Dresden mißlich, allein nicht beyde so gemeint. Die preußischen Brandruthen schlugen es jämmerlich; Schmettau, der preußische Commendant, ließ die traurigsten Merkmahle zurük. Oesterreich wollte Dresden innhaben, und den Wohnsitz eines alliirten Prinzen von den traurigen Folgen einer Belagerung schonen. Schmettau behieng die schönen Vorstädte mit Carcassen, und drohete, bey Annäherung feindlicher Völkern, selbe mit Feuer zu belegen. Das Strohmagazin, welches er an die Burg der bekümmerten Hoheiten anlegte, vermehrte die bange Furcht, das grüne Gewölbe und das herrliche Schloß werde von den Flammen nicht errettet bleiben. Der betrübte Zeitpunkt rufte, leider! an. Die Vorstädte wurden angezündet. Die armen Inwohner erhielten nicht einmal die Erlaubnisse, ihr Eigenthum zu retten. Schmettau spielte mit Kanonenkugeln unter den Brand, und benahm den Eigenthümern die Begierde, an die Löschung der rasenden Flammen die Hand anzulegen. Das Feuer verzehrte die Menschen, und die eisernen Ballen der krachenden Carthaunen zerquetschten sie. Blut und Leichen gaben dem erschröklichen Brand die größte Heßlichkeit, und konnte ja das Uebel der Feindseeligkeit nicht weniger, als zu Troja in Asien, bey dem Kohlhaufen gesehen werden, weil man dem armen Bürger nicht nur seine Wohnung verheeret, sondern ihm auch unter der Glut eine sengende Grabstätte anwiese, unter welcher er hurtiger zu Staub und Asche, als in der kalten Erde werden sollte. Das Bombardement, so Dresden von Preussens König selbsten erduldete, sezte sein entsezliches Verhängnis auf den höchsten Stufen. Zehen Monat lag es getröst in den Händen seines Landesfürsten, und unter Oesterreichs Schuz. Der milde Commendant, Graf von Macquire, war dem getroffenen Dresden, was der warme Sonnenschein den Pflanzen, nachdem sie von kalten Schlossen gequetscht worden. Es erhob sich aus seinen Ruinen, wie eine neue Insul aus den Wellen; und es schmeichelte sich, von ferneren Drangsalen geschonter zu bleiben. Die königlichen und churfürstlichen Herrschaften machten sich aus dem kummervollen Gefängnis in freyere Luft. Sie wollten ihre höchste Personen ferners nicht mißhandlen lassen, und sie suchten eine bessere Sicherheit, als sie in ihrer eigenen Burg so lange nicht genossen. Der Himmel sorgte für sie, wie für das geseegnete Geschlecht Noes des Patriarchen, mit diesem Unterscheid, daß er dieses bey der grossen Wassersnoth, jene den preußischen Feuergüssen entführet hat. Himmel und Erde erstaunten über das Geprell der feindlichen Mörsern. Ihr Krachen war die Sprache eines wegen Dresdens Verlust erbitterten Königs. Es war in Dresden allem Geläute das Stillschweigen gebotten, weil die Tägen eines betrübten Zustandes das Donnern, nicht das Klingen des Erzes hören sollten; und war auch der Schlag des Uhrzeigers eingestellt, damit der blasse Bürger die schlimmen Stunden seiner äussersten Noth nicht zehlen konnte. Zehen Tägen brach das Feuer durch die heisse Luft in die Stadt

1759.

1760.

unauf-

unaufhörlich ein. Man hörte das Zettergeschrey der Belagerten in dem Getös der springenden Kesseln hervor. Sie sahen die offene Hölle ober ihren Häuptern; und kan die Wuth des Vesuvius und Aetna in beeden Sicilien nicht so viel Schrecken in die Herzen der Benachbarten bringen, als Friedrich das unglükseelige Dresden mit seinen rächenden Flammen beängstigte. Die prächtige Brücke schnellte für Beben beynahe entzwey, und getrauete sich nicht mehr das Liebesband zwischen der Alt- und Neustadt zu seyn; weil die Menschenliebe so sehr zertrümmert war. Die Elbe erstarrte von der Erschütterung. Sie schiene selbsten in Fener verwandelt, da der Brand schönster Gebäuden und die umschwärmende Feuerkugeln zu Nachts sich in ihr bildeten, und sie trug das Blut der Erschlagenen, und die Asche verzehrter Pallästen und Kirchen mit zitternden Wellen in die Nordsee, den nahen Untergang Dresdens in der Ferne kund zu machen. Das wackelende Erdreich machte glauben, es mißgönne dem brennenden Element die schöne Beute der taumelnden Häusern, und gebühre ihm zuerst, selbe aus dem Grund umzustürzen, ehe das wüthende Feuer sie auffresse. Lust und Pracht der königlichen Gärten kehrte sich in eine Wüsteney um. Wo man vorher den Ambraduft der Blumen und Pomeranzen roch, war Schwefel- und Salpetergestank gefühlt; und wo Florens Reich mit Anmuth lachte, tobete der unversöhnliche Kriegsgott unter seinen Gezelten. Die Verwüstung dieser prächtigen Stadt soll uns die Thränen billg aus den Augen treiben, und unsere Worte gewähren, mit welchen wir den abgewichenen Krieg, als einen blutigen ausruften, und wo hätten wir Dresden anders, als unter dem Schutt seines stolzen Gemäuers, oder in der Luft in dem schwarzen Brandrauch zu suchen gehabt, wenn die Wachtbarkeit Macquires, des geprüften Commendantens, und die Anruckung des vorsichtigen Dauns die preußischen Lunten und Zündgerten nicht erlöscht hätten.

Glaz, ein vester Plaz, war jener Schaz, der seine Eroberung und Rukkehr unter den österreichischen Stepter Loudon, dem Tapferen, zu danken hatte. Er gibt der ganzen Grafschaft die Benamsung, und kam durch leztere Kriege an Preussen. Die guten Anstalten, so das grosse Heldenhirn des unermüdeten Beeons erfand, verkürzte die Belagerung zur Ersparung des Menschenbluts. Draskowiz, Gribeauväll und Steinmez, erfahrne Männer, ofneten die Laufgräben mit grosser Behändigkeit; die Belagerten fochten nach Kräften, und liessen an pflichtmäßiger Gegenwehr nichts gebrechen. Die Ankunft Loudons war genug, das Werk zu betreiben. Seine Gegenwart frischte die Soldaten zur Arbeit an, und schauderte es die Mauern von Glaz, da ihr Bezwinger in dem Lager ankam. Er rufte seine Krieger mit seinem eigenen Beyspiel zu Grosthaten auf. Er besuchte die Laufgräben selbsten, und verachtete die Gefahr, so ihm das fliegende Eisen um den Kopf jagte. Er glich einem Adler, der seine Jungen durch die losbrechende Bliznebel führt; und er war wie die aufgehende Sonne,

Sonne, welche alles begeistert. Der mit Nudroy, dem Artillerie-
obristen, entschlossene Sturm öfnete in sechs Stunden die Vestung.
Nudroy warf zumal die Kugeln aus seinen Kanonen unter einem
entsezlichen Feuer an die Wälle von Glaz, und der kühne Soldat
drang indessen auf den Augenwink Loudons mit dem Degen in der
Faust in die Stadt ein. Das Riesengebürg rollete das Gepreß
der knallenden Carthaunen mit einem scheuzlichen Getöß durch seine Klippen, dem Bergknappen in seiner Gruft die Ankunft der
österreichischen Riesen zu verkündigen, welchen Mauern und Felsen-
wände zu weichen haben. Die blutigen Tritte der zurükweichen-
den Besatzung zeigte ihnen die Strasse. Sie stekten Oesterreichs
Standarten zwischen den zerschmetterten Steinen auf. Glaz war   26. Jul.
in so viel Stunden eingenommen, als sonst Monat andern hierzu   1760.
nöthig geweßt wären. Gedeon, der Richter in Israel, hat den
Thurn Pharuel nicht so hurtig zerstört, als Gedeon Loudon Glaz
erobert hat. Er hat zwar die Bürger und Besatzung nicht, wie
jener die widerspänstigen Inwohner von Soccoth, mit Dornen und
Disteln in Tod zerrieben (n), sondern both ihnen die Gnade seiner
Kayserin an. Er begnügte sich mit dem Lorbeer, so ihm sein Hel-
dengeist gewann; und da er einen erstaunlichen Vorrath an Kriegs-
und Mundgezeugs im Zeughause und Magazin fand, gab er Gais-
ruk, dem neuen Commendanten, Befehle, das mit Blut gewon-
nene Glaz wider einen Anfall länger zu behaupten, als es von
dem Gegentheil geschehen.

Leipzig, Torgau und Wittenberg nahmen zu et-
lichmalen fremde Völker ein. Sie öffneten ihnen die Thore,
wie das Glük, so unter Streitenden waltet, es geboth. Ihre
Besiznehmung war selten ohne Menschenblut unterschrieben, weil
sie meistens mit Ernst geschah; und hatte Wittenberg das leidige
Schiksal, daß es von Salemon, dem preußischen Befehlshaber,
weniger Schuz erfuhr, als es dessen Weisheit zutrauete. Die
Reichsarmee lagerte sich kaum bey dem Luttersbronnen, da Wit-
tenbergs Trost zu Wasser wurde. Zwölf Batterien waren mit
Kanonen bespikt, den armen Inwohneren bey dem Pulverfeuer einen ungeschmacken Braten vorzusetzen. Die schöne Schloßkirche
fiel in Aschen, worinnen die Grabstätte Luthers, des Apostels von
Sachsen, war. Es hatte das Ansehen, als wollten sich die Feuer-
werker der Belagerer des hohen Gerichts der Glaubensuntersu-
chung anmassen, und allererst nach zwey hundert Jahren mit einem
Vermoderten das Auto da fe spielen. Der tapfere Reichssoldat unter
dem kriegsverständigen Prinzen von Zweybrücken, und der kühne
Croat beharrten in dem Angriff hartnäckig. Die Luft stürmete
mit Ausbreitung des erschreklichen Brands eher auf Wittenberg, als
die bewafneten Kriegsmänner an die gespaltenen Wälle kamen. Die
preußischen Trommeln schlugen endlich die Chamade, und Witten-
bergs Uebergabe war mit Blut und Feuer bestättiget.

H   Cosel,

(n) Jud. 8.

Cosel, in dem schlesischen Fürstenthum Oppelen, sah einem gleichen Verfahren von seinen Wachthürnen entgegen. Die Maaßregeln seines Commendanten, General von Lattorf, hätten sich von dem herzhaften Entschlüssen des tapfern Loudons gewiß verkürzt gesehen, wenn die regnende Wolken, und die der Ueberschwemmung nahe Mordiste das Menschenblut nicht erspahrt hätten. Wer weiß aber, was auch da die österreichischen Bombenkessel und Haubitzen gestiftet haben, welche aus ihren Mundungen ohnehin nichts denn Tod und Zetschmetterung auswerfen.

Collberg, in dem Fürstenthum Camin, hat es seinem arbeitsamen Heyden zu danken, daß es die rußischen Waffen zweymal kraftlos gemacht hat. Allein die dritte Belagerung foderte die Westungsschlüsseln, welche zeithero keine andere, als preußische Hände, gewohnt waren. Wär Collberg von dem Lande mit heftigen Stürmen angepakt und mit Feuer beängstiget, so brach eben dieses aus der See von der vereinigten rußischen und schwedischen Flotte auf selbes loß. Alles verschwur sich zusammen, entweder Collberg von dem Weltraum zu vertilgen, oder dem Reich von Moscovien unterwürfig zu machen. Rohnanzow war endlich Meister, und er übernahm die Stadt als ein Sieger, welche von dem ausgeschütteten Menschenblut so beflekt war, und in dessen Brechen ein so manche blasse Leiche von stürmenden Russen und sechtenden Preussen die Wuth des Kriegs mit entgeisterten Lefzen beklagte.

Wer will von mir noch mehrere Kundschaften fodern können, meine Beweisthümer eines blutigen Kriegs zu erweitern. Ist das Gesagte nicht hinlänglich, selbes an den Mauern der verunglükten Städten zu lesen? Hat man in vergangenen Zeitläuften eine solche Menge der schärfsten Belagerungen binnen so wenig Jahren auf der blutigen Kriegsschaubühne gesehen? Wie? Wenn wir noch dahin schauen, wo das liebe deutsche Blut anderwärts in Einnehmungen, Belagerungen und Besetzung vester und haltbarer Plätzen theils gegen Untergang, theils gegen Norden vergossen ward? Haben wir von dar keine gängbare Urkunden, daß wir mit Recht einen blutigen Krieg zu beweinen haben? Franzosen, Engelländer, Moscowitten und Schweden tratten mit Waffen in Deutschland ein. Sie waren berufen die kriegenden Theile zu unterstützen, und ihre Anfoderungen zum Theil an sich zu bringen. Wimmelte es nicht auch da von Belagerungen und Besatzungswechseln. Man sah da noch Spaß noch Kurzweil. Die Sachen trugen sich ernstlich zu. Die Feindseeligkeiten waren gespizt, und hatten derlei kriegerische Geschäfte, ohne eine Larve zu tragen, verbitterte Gesichtszüge. Ich will davon nur etliche Namen geben: Wesel, in dem Herzogthum Cleve. Emden, in Ostfrießland. Rinteln, in der Graffschaft Schaumburg. Geldern, in preußisch Geldern. Harburg, im Herzogthum Lüneburg. Minden an der Weser. Rüremond an der Maas. Das bombardierte Düsseldorf. Halberstadt

stadt am Fluß Holzemme. Caffel in Heffen. Gieffen, Göttingen in dem Fürstenthum Calenberg. Rheinfels, in der Grafschaft Catzenellenbogen. Frizlar, an dem Fluß Eder. Wolfenbüttel und Braunschweig, Münster und Bentheim in Westphalen, Ziegenhayn und Amöneburg in Niederheffen. Die Schlöffer Waldeck, Scharzfels, Meppen, Arnsberg und Marburg. Memmel, in dem brandenburgischen Preuffen, Damgarten und Demmin in Vorpommern. Anclam, in dem Gebieth von Stettin. Treptow, an dem Fluß Tollenfee in Pommern. Prenzlow, in der Uckermark. Penamünde, auf der Insul Usedom im preußischen Vorpommern, mit noch mehrerern, sind in der Kriegsgeschichte nicht vergeffen, daß sie den Nachkömmlingen das Zeichen eines blutigen Kriegs in die Hände reichen, und aus dem Archiv der Schwierigkeiten Deutschlands hervorgeben sollen. Wollen wir von den Belagerungen zu den Feldschlachten einige Gedächtnisblicke werfen; werden statt der Blutbächen ganze Ströme vorbeyrauschen, welche Mars und Bellona aus ihren schäumenden Urnen durch Deutschland zirklen lieffen.

Die Feldschlachten sind unter den Mächtigen der Erde, was die Schulzänke unter den Gelehrten. Die Wahrheit ist diesen zur Auffuchung, das Recht aber jenen zur Entscheidung überlaffen. Jedoch ist bey den Cathedern nichts, denn etwa ein gelehrter Schweiß balgender Schulfechter höchstens zu finden, da unter den Batterien der Carthaunen helles Blut verwundeter oder getödteter Menschen zu sehen ist. Die Welt hat nichts erschreklichers, als das Gefecht zweyer feindlichen Heeren in ihren Begebniffen aufzuweisen. Rache und Grollen führen beede gegeneinander an. Wiz und Kunst bestreben sich, Menschenblut zu vergieffen. Der kirrende Soldat denkt allein seinen Gegner zu erwürgen. Degen, Sabel, Feuerröhre und Bajonneten sind seine Werkzeuge, ihm das Blut mit dem Leben zu nehmen. Trommeln, Trompeten und Pauken hezen ihn dazu an. Die Fahnen und Standarten erinnern ihn, sein eigen Blut so wenig zu sparen, als dem Fremden zu schonen. Die Ehrenbegierde, für seinen Fürsten zu kämpfen, beträgt sich nicht mit der Milde, und die Gefahr seines eigenen Lebens macht ihn vorsichtig, dem Feinde eher den Tod beyzubringen, oder doch ungerochen nicht zu sterben. Das offene Feld versagt ihm eine Brustwehre. Sein Hemd ist zu schwach, das pfelfende Bley aufzuhalten; und sind auch Kuraß und Panzer nicht hinlänglich, gegen Kartätschen und Kettenkugeln eine Sicherheit zu machen. Unsere Einbildung langt nicht so weit, daß wir uns eine Schlacht vormahlen mögen, weil auch jene nichts, als von Schrökbarkeiten erzehlen können, die aus selber kommen. Menschen und Pferde sind in eine Bebung der Natur gesezt, so herzhaft die ersten, und so schäumend die ändern seyn mögen. Eine Schlacht ist der schärfste Schlachtbank des allgemeinen Menschenwürgers, des Todts Da übt er seine Grausamkeit am heftigsten aus; da zeigt er auf dem Haufen der Erschlagenen seinen Stolz; und ist er gegen jene noch barmherziger, die er auf dem

soge-

sogenannten Bette der Ehren ihren Geist ausblasen, als die er mit geſtümmelten Gliedern zur Unbilde der Menſchheit ihr Elend in bittern Tägen bis zu einem gewünſchten Hingang herumſchleppen läßt. O! Krieg! ganze Gegenden rauchen von Feuer und Glut; ganze Wälder werden in Verhäcke umgeſtürzt; und ſind auch die Fruchtfelder nicht geſchonet, auf welchen doch das Commißbrod für den Soldaten wächſt, wenn die gräßliche Schlachttäge anbrechen. O! Krieg!

Erwartet nicht von mir, liebſte Kinder! daß ich euch die Schlachten des vergangenen Kriegs, o! des blutigen, in ausgedehnter Erzehlung zu Ohren gebe. Die erſtatterte Zunge findet hierzu keine Worte, weil das traurige Angedenken ſich die Kürze der Erwehnung allein zum Troſte nimmt.

Lowoſiz, oder **Liebeſiz** in Böhmen, in dem Prachiner Kreis, war der erſte Ort, wo man von der Liebe nichts fand. Oeſterreich und Preuſſen prüften hier ihre Waffen zum erſten. Die Gebürge, welche Sachſen und Böhmen ſcheiden, thöneten von dem groſſen und kleinen Geſchüz der ſtreitenden Heeren, und die Weinberge von Lowoſiz miſchten das Menſchenblut mit dem Saft ihrer Trauben, dem böſen Krieg zu einem niedlichen Getränke. Friedrich, der König Preuſſens, gab ſeinen Rieſen ſelbſten die Befehle; und General Broune führte gegen Oeſterreichs Völker gegen ihm an, die nothleidenden Sachſen bey Pirna zu erlöſen. Das Gefecht war ſo hitzig, als der Sieg ungewiß. Friedrich kehrte nach Sachſen, und nahm das verhungerte kleine Heer der Sächſiſchen Kriegern, zur Erſättigung ſeines Heldenmuths, gefangen; und Broune zog ſich nach Buddin zurük. Beyde Armeen waren wie zwey gegeneinander prellende Kugeln, welche ohne beyderſeitige Zerquetſchung nicht zurükkommen.

1. Oct. 1756.

Reichenberg in dem Bunzlauter Kreiſe machte das Vorſpiel blutiger Auftritten in dem Jahre ſiebenzehenhundert ſieben und fünfzig. Der Aprilmonat begleitete das unbeſtändige Glük, und es hatte mit dieſer Jahrszeit keine Ungleichheit, weil man ſich auf beyde nicht verlaſſen kan. Der kluge Friedrich, o! der Kluge, öfnete ſeinen Feldzug, da man ſich deſſen nicht vermuthete. Helden fliehen die Ruhe, und ſie ſind allemal wache, die Rennbahne ihrer Grosthaten, wie die Sonne, in frühen Morgenſtunden anzutretten. Sie halten die Winterraſtung nur für eine Noth, dem ermatteten Soldaten die erſchöpften Kräften zu ergänzen, und die erduldete Mühe mit einer Belohnung zu erfriſchen. Die Winterkälte wird ihnen bey dem Bürger zur Ermunterung ihrer Kriegshitze billig vergönnt; und da ſie den Sommer durch unter feurigen Kugeln gefochten, läßt man ihnen zu, ſich unter den kalten Schneeballen zu erholen. Allein die Verzögerung wird ihnen nicht geſtattet. Es fällt einem Helden ſchimpflich, wenn das Weyb in der Luft, die

21. Apr. 1757.

Turtel

Turteltaube, die Schwalbe und der Storch ihre Zeit aufzubrechen eher, als er, wissen (o). Es ist allezeit sicherer, die Gelegenheit mit Vorkommen ergreiffen, als wenn ein anderer sie schon bey den Haaren erdappt hat. Sie ist flüchtig, und Weh! dem, welchen sie ihre kahle Stirne zeigt, an welcher sie sich nicht halten läßt. Der ganze Schwarm preußischer Völkery drang in Böhmen an vier Orten ein. Die größten Helden Preussens giengen an der Spitze; und unter diesen war der kluge König, dessen Name allein für alle galt. Die böhmischen Klippen hielten ihn nicht auf. Ein kleiner Widerstand taugte nicht, den Einbruch zu hindern. Er war wie ein Fluß, welcher seine Wellen durch Steinfelsen treibt, und endlich mit einem erstaunlichen Geräusch sich in die platten Felder stürzt. Königsegg, Oesterreichs Feldzeugmeister, stund zu Reichenberg, dem einruckenden Feind entgegen. Er war zu schwach, selben zurukzutreiben. Die preußischen Bajonneten und Musqueten waren zu heftig; und er verlohr, so heldenmüthig er focht, unter vielen, Porporati und Hohenfeld, zween bedauernde Kriegshelden, deren ersterer seinen Namen mit Blut gefärbt hat, der andere auf dem Schlachtfelde geblieben ist.

Die Gegend von **Prag** schwamm den sechsten May des nemlichen Jahrs in Blut. Die Frühlingsblumen der annehmlichsten Jahrszeit tranken von dem Blut der Erschlagenen, und wurden etliche tausend Leichen zu einem sanften Sterbelager, da sie von selben zumal Farb und Leben verlohren. Der muthige Prinz von Lothringen und der versuchte Feldmarschall Broune vergassen nichts, was Feldherrn gebühret. Dreymal waren die Feinde zurükgetrieben. Eine kleine Oefnung zwischen dem rechten und linken Flügel verursachte den leidigen Streich, welcher Wien und seine Alliirte erschütterte. Schwerin, der alte Achill Brandenburgs, ward erschossen, da er eben die Fahne seines Regiments in den Händen trug. Er starb in seinem Triumph; und sein Blut gab den Soldaten die Unerschrockenheit. Sein Beyspiel erneuerte den Streit, und sein Fall erhizte seine Leute, daß sie durchdrangen, und siegeten. Der verwundete Broune schüttete sein Blut zu dem rothen Strom der Erödteten; und konnte ein Blutregen die Felder und Berge vor Prag nicht so überschwemmen, als das Blut der beyderseits Erlegten überronnen hat. Die Kriegsschul haßt nichts mehrers, als die Entschuldigung: Ich meinte es nicht; wie es Epaminondas, der Thebaner, sagte, und ist auch ein kleiner Irrthum in dem Felde der Ursprung grosser Folgen. Beneschau sah die flüchtigen Oesterreicher, Böhmischbrod empfieng von selben einen merklichen Theil; und die getreuen Mauern von Prag nahmen in sich eine Armee von ihnen zur Sicherheit ein.

6. May 1757.

J   Tho-

(o) Milvas in cœlo cognovit tempus suum, turtur & hirundo & ciconia custodierunt tempus adventus sui. Jerem. 8.

Chozemiz, Kollin und **Planian**, drey Orte in
Böhmen, sind von einer Schlacht bemerkt, weil einer nicht genug
war, den Ruhm eines vorsichtigen Dauns und heldenmüthigen
Nabasti zu verewigen. Verlohrne Sachen sind nicht allemal hin.
Ein rasendes Uebel wird öfters gemildert, da es am heftigsten ist.
Eine verstopfte Quelle dringt anderwärts hervor; und ein einge-
schlossenes Feuer bricht sich zu seiner Freyheit eine Oefnung aus,
wo man nicht glaubt. Oesterreichs Macht lag freylich in betrübten Umständen sehr gekränkt. Das prächtige Prag war von den
Feinden des Erzhauses zu einem Mausoläum, dessen Herrlichkeit
schon bestimmt, so die grosse Artemisia von Wien unter Wehklagen selber aufzurichten hätte. Daun, der Feldmarschall, mit Nabasti stunden auf der Seite, und dachten auf Mittel, das drohen-
de Unstern in einem andern Horizont aufzustecken. Der Herzog
von Bevern war zum Gegenstand erkiesen. Nabasti griff ihn an,
und gab ihm derbe Stösse. Der König verstärkte ihn nicht nur
aus dem Lager vor Prag mit beträchtlicher Mannschaft, sondern
kam ihm selber zu Hülfe. Saul, da er die Männer von Jabes
Galaad aus den Drohungen Naas, des Ammoniter Fürsten, entführen wollte, theilte zween Ochsen in Stücke, und sendete diese
an die Zünften Israels, selbe zum Entsaz des gebeugten Jabes
herbeyzurufen. Sie kamen in erstaunlicher Anzahl, und die arme
Stadt war mit ihrer Befreyung erfreuet (p). Und Daun, der
Vorsichtige, schikte die besten Verordnungen an seine Generalen
Odonell, Serbelloni, Trautmannsdorf, Aspermont, Stampach,
Kollowrat, Welward, Wied, Sintere, Esterhasi, Stahremberg,
Nauendorf, Thorincourt und Czettwiz, nichts zu versäumen, das
Heil Oesterreichs unter den Ruinen des zerschmetterten Glüks her-
vorzuziehen. Er zeigte ihnen den Tag ihrer Treu in dem Calen-
der, und wieß ihnen auf seiner Uhr die Stunde, ihre Tapferkeit
erkänntlich zu machen. Friedrich, der Kluge, war den gegebenen
Anstalten immer zugegen; und sein grosser Geist munterte seine
Völker zur endlichen Entscheidung der Kriegshändeln mit eindringenden Worten auf. Siebenmal fiel er den linken Flügel der Kayserlichen an, und siebenmal sah er seine Glieder von den österreichischen Kanonen zur Erde werfen. Es kämpften Helden mit Helden; sie suchten unter dem Pulverdampf und Erdenstaub, bey dem
blitzenden Licht grosser und kleiner Feuerröhren alle Mittel auf,
den Sieg an sich zu bringen, dessen Folgen so weitaussehend waren. Der Obrist von Feuerstein sprizte vor Eifer die Heldenfun-
ken von sich, seine Carthaunen und Feldschlangen Feuer und Eisen speyen zu machen. Der böhmische Löw zog seinen doppelten
Schweif zwischen die Beine, als er den Grosthaten gewohnten
Nabasti in die unermüdeten Preussen einhauen sah. Die Erde
war mit Riesenkörpern belegt, an deren Grösse man die Höhe des
ausgestossnen Kriegsgeists annoch merkte. Das kayserliche Re-
giment Botta thate mit andern Wundern. Die geleerten Patron-
taschen brachten ihm keinen erschöpften Muth bey, weil es den

Mangel

(p) 1 Reg. 11.

Mangel Loth und Krauts mit seinen Bajonneten ersezte. Dieser grosse Tag brachte die gesunkene Hofnung Oesterreichs wieder auf frische Beine. Der Himmel bestimmte den Sieg für selbe, und das erledigte Prag, das von seinen Ueberrumplern befreyte Böhmen, die viele tausend der erschlagenen und gefangenen Gegnern, die erbeuteten Siegszeichen sind als glükliche Folgen zur besten Probe, daß Chozemiz, Kollin und Planian, als drey beste Zeugen der für Oesterreich erfochtenen Palmreisern, die Grosmuth der Streitern, und doch zumal das abscheuliche Unwesen eines blutigen Kriegs bestättigen sollen.

Görliz darf in seinen Arbeitshäusern mit Recht rothe Tücher weben, das Gedächtnis des blutigen Vorfalls zu erhalten, indeme der preußische Generalfeldmarschalllieutenant von Wintersfeld sein Leben mit mehr als tausend andern verlohr; und dem muthigen Prinz Carl von Lothringen, dessen Veranstaltungen den Sieg eroberten, wird der Holzberg zu Görliz und Moys eine immerwährende Triumphporte erhalten, wo er mit Nabasti und Ahremberg in den Herbsttägen den Winterfeld schlug. Wo der kühne französische Brigadier Montazet die feindlichen Verschanzungen in dem Sturm überstieg, und wo Oesterreichs Standarten mit Lorbeern wieder behenkt waren. *7. Sept. 1757.*

Roßbach an der Unstrut und Saale kan sich ohne Widerspruch fürohin ein Blutbach zwischen beeden Strömen nennen lassen. Franzosen und Reichsvölker suchten die Strasse, in Sachsen einzugehen, und es zu säubern. Friedrich, der Kluge, wollte seinen schwarzen Adler so behend aus seinem so tauglichen Nest nicht verjagen lassen. Er hatte bey hundert tausend vor sich; und er fand, selbe innzuhalten, niemand als sich selber nöthig. Prinz Soubise befahl seinen Galliern, und der wackere Prinz Hildsburgshausen hat die Deutschen zum Gefecht brav angeführt. Allein Friedrich war da, mit dem sie zu sprechen hatten. Soubise ließ sich an den gefährlichsten Orten mit dem Degen in der Faust sehen; und von der Tapferkeit Hildburgshausens zeugte eine Beule, so er in dem Gemenge von einem Säbelhieb bekam. Eine panische Furcht überfiel das streitbare Heer. Die Unordnung zog ihre Flucht nach sich, und die Niederlag war blutig. Die französischen Lilien änderten ihre Farbe, weil sie des deutschen Erdreichs nicht gewohnt sind, und kan kein Bedauern billiger seyn, als wenn man das französische und deutsche Blut, so da strudelte, beherziget, welches für Heldenblut wallete, dem beträbten Sachsen zur Hülfe zu eilen. Die Furcht befällt mich, liebe Kinder, daß ich nicht bey mir bin. Ich bin des Vermögens entsezt, meine Worte in Ordnung zu haben, da ich die Zerrüttung eines so grossen Heers betrachte. Ich rede wie ein Träumender, dessen Reden sich nicht an einander fügen. Verzweiflende Kämpfer sind nicht wohl zu bemeistern. Die Gegenwart eines Fürsten macht dem Treffen des *5. Nov. 1757.*

besten

besten Ausschlag, wenn er von seinem Thun niemand, als sich selbsten, Rechnung zu machen hat. Helden, deren Name allein schrekbar ist, gelten so viel, als geharnischte Heere. Die Andabaten, ein Volk des Alterthums, fochten mit geschlossenen Augen; und und die Art der Parthern in der Flucht zu siegen, ist nicht mehr üblich. Verzeyhet mir, wenn ihr mich nicht verstehet. Das heisse Fieber der Ertatterung über die Unfälle des blutigen Krieges trennet meine Gedanken, und gönnet meinen Worten keinen Zusammenhang.

22. Nov. 1757. Das Treffen bey **Breßlau** in Schlesien bringt mich wieder zu recht; und das Krachen der österreichischen Artillerie sezt mich aus der Verwirrung anheim, und aus der Abwesenheit meines Gemüths nach Hause. Die Hartnäckigkeit dieses Treffens, welches unter den Befehlen des Prinzen Carls von Lothringen und des Feldmarschallen Grafens von Daun zur Ehre Oesterreichs ausfiel, sprengte viele Adern. Drey in Flammen gesezte Tannenbäume gaben das Loos, die Verschanzungen des Prinzen von Bevern anzugreifen, weil man mit Grossen zu fechten hatte. Jede Schritte, wo man sie zum Weichen brachte, waren mit Blut bemerkt; und jede Redoute, aus welchen man sie zwang, mit Todten gefüllt. Die Wolfsgruben verschlungen Männer und Pferde. Der Anfang des Streits geschah in dem Nebel, und endigte sich mit der Nacht, damit die Verschonung des Menschenbluts von der Milde nichts sehen sollte. Prinz Bevern war gefangen. Sein nach Wien geschikter Degen kam wieder an seine Seite. Es war genug, das Eisen eines Ueberwundenen zu sehen; und Wien sahe an der Klinge helle Merkmalen der Herzhaftigkeit dieses durchlauchtigen Gefangenen, welcher die Unbeständigkeit menschlicher Dingen öfters Spiz und Schärfe zu hemmen pflegt. Die Eroberung von Breslau war die andere Folge des erhaltenen Siegs. Ich will euch davon nichts mehr sagen, weil ich davon schon gesprochen hab.

5. Dec. 1757. Wer wird meinem Haupt Wasser, und meinen Augen Thränen geben, wenn ich in der Landcharte Schlesiens den kleinen Ort **Lissa** seh, welcher in Oesterreichs Kriegstabellen so schwarz, als der Fluß Allia in den Römergeschichten, wo Brennus, der Gallier, die Nachfolger des Romulus erbärmlich schlug, angeschrieben zu werden verdient. Das schmerzliche Bedauern des verschwendeten Menschenbluts macht mich eilfertig, den Jammer mit wenig Worten zu geben. Die schöne Armee, welche zu Wunder- und Heldenthaten auf den Beinen stand, erlitte eine blutige Schlappe. Luchesi, Fürst von Stollberg, Otterwolf und Brunsac fanden bey Lissa ein blutiges Grab. Ach! die Helden. Die Todtenliste ist so förchterlich, daß ich selbe abzulesen mich enthalten muß; und die Anzahl der Gefangenen, welche von der sich ergebenden Besatzung des fallenden Breslau und des verlohrnen Liegnitz vermehrt

mehrt war, ist in ihrer Bezifferung fast unglaublich, und dennoch wahr, o! blutiger Krieg! o! treuloses Glük! wie wahr ist es, was Seneca von dir sagt: Du spielest mit deinen Geschenken, deine Günstlinge und Schooskinder zu äffen; was du ihnen gibst, raubst du ihnen bälder, als sie sich vorstellen; und was du ihnen mit einer Hand nimmst, das gibst du ihnen in Bälde mit einer andern (q). O! wie wahr ist es, Uebereilungen seyen allemal mißlich; und haben die Schaurohr ihre Anpreisung nicht von der Grösse, sondern von wohlgeschliffenen Gläsern. So blind das Glük ist, muß man sich von selbem mit verbundenen Augen nicht führen lassen, wenn man nicht in die Grube fallen will; und wer Siege an Siege binden will, muß die Kette in gemäßigter Hitze schmieden. Sollen denn meine Worte von nichts denn Blut triefen. Ich sammle das übrige vor Schauder kurz zusammen, und ich will nun den Landzeichnern nachahmen, welche in ihren Mappen und Provinztafeln die geschehenen Schlachten, ohne weiters, mit zwey übereinandergeschränkten Schwerdtern allein anzumerken gewohnt sind.

Die Schlacht bey **Jägerndorf** in Preussen darf unter die ernstliche Kriegsbalgereyen gesezt werden. Moscowitten und Preussen giengen auf einander los. Etliche Stunden flekten der Blutvergiessung, das Wahlfeld damit zu benetzen. Die todten Preussen lagen in grossen Haufen darnieder. Blut und Eiter machten ein heßliches Schauspiel. Der siegende Ruß ließ manchen Spiessgesellen auf der blutigen Erde zurük. Mancher Cosak biß in das Gras, auf dem er das Sterbebette zu nehmen gezwungen war. Apraxin, der Feldmarschall, behielt über die Preussen die Oberhand, er wollte sich aber des Siegs nicht gebrauchen. Er zog sich mit einer triumphirenden Armee zum Grämen der Theilnehmenden zurük, und führte ein jauchzendes Heer aus einem Lande, wo ihm die Einerndung der Lorbeern nicht gemangelt hätte. Seine Kayserin zu Sanct Petersburg riß ihm dessentwegen den Commandostab aus der Hand, und gab ihn Fermor; und sein Schiksal ist unter jenen Geheimnissen geblieben, welche untreuen Befehlshabern in Kriegszeiten mit Recht zu Theil kommen. 30. Aug. 1757.

Neudörfel in Mähren ist von dem Ueberfall der preussischen Zufuhr von einer ausserordentlichen Menge Vorrathswägen so berühmt, daß es den grossen Geschichten der Welt einverleibt zu werden die Ehre hat, so unachtbar es sonst ist. Lebens- und Kriegsmittel waren dem preussischen Lager vor Ollmüz bestimmt. Sie kamen aber nicht dahin. Der tapfere Loudon bekam mit Siskowiz von dem vorsichtigen Feldmarschall Daun das Geschäft, die anrückenden Karn aufzuhalten und zu erobern. Es gesah, wie es 30. Jun. 1758.

K die

(q) Ludit de suis fortuna muneribus, & quæ dedit avfert: & quæ abstulit reddit. Senec. Lib. 1. declamat:

die Herzhaftigkeit des groſſen Gedeons vorhatte. Zwey tauſend Todte und ſchwer Bleßirte blieben auf dem Plaz von dem Feinde; und von den Oeſterreichern fielen etliche hundert. Vier tauſend Wagen wurden zu Grund gericht. Die in die Luft fliegende Pulverfäſſer verkündeten mit einem groſſen Getös, daß ſie dem Sieg Loudons zu einem Feuerwerk, nicht den Mauern Ollmüz zum Umſturz gewidmet wären. Der behende Huſſar und der kühne Croat griffen nach den Geldküſten, und machten ſich für ihre Arbeit ſelbſt bezahlt. Der preußiſche General Puttkammer mit anderen mußte als Kriegsgefangener bezeugen, daß die Räder der Proviantkärren nicht zu gemach geweſen, ſondern aufgehalten worden. Dieſer blutige Streich gediehe zur Erlöſung der Stadt und Veſtung Ollmüz. Gedeon, der Richter Iſraels, ließ ſich einen Traum erzehlen, aus dem er ſeinen Sieg über Mablar erkannte. Ein Soldat ſah ein unter der Aſche gebackenes Gerſtenbrod, welches ſich von oben über das Hauptgezelt der Madianiter welzte; und dieſes fiel zur Erde. Das Schwerdt Gedeons ſtekte unter dieſem Sinnbilde, welches ſeinen Feinden ſo ſcharf auf den Nacken kam (r). Gedeon Loudon ließ das Brod der Preuſſen mit dem Kriegsgeräthe nicht dahin, wo man es erwartete; und das Lager bey Ollmüz verſchwand.

Die erſchrekliche Begebenheit bey **Zorndorf** war ein wüthender Zufall, wo die Ruſſen und Preuſſen nichts als Zorn und Grimmen gegen ſich ausübten. Zween Täge ſprengten ſie gegeneinander an, und eben ſo viele wechſelten ihre raſenden Kanonen die Kugeln zu einem kaum jemahl geſehenen Blutbad. Jeder Theil verlohr in Erwürgten, Gefangnen und andern Geräthſchaften, und jeder ſchrieb ſich den Sieg zu. Friedrich, der kluge König, wohnte dem Kampf ſelbſten bey, und Fermor ſezte ihm ſeine ſtandhaften Moſcowitten unter das Auge, welche nur zu ſterben, nicht zu weichen gewohnt ſind. Grauſame Hartnäckigkeit, wie wenig iſt dir der Preiß des Menſchenbluts beygebracht; du müſſeſt dir das Lob des Heldenmuths zwar zu, allein was theure Beuten lieferſt du in den Rachen des Todes, welcher bis an das Weltende nicht zu erſättigen iſt.

25.Aug. 1758.

Von **Hochkirchen** in der Oberlauſiz war nach Wien an dem Vorabend des Thereſienfeſts ein glorreiches aber blutiges Bindband zuſammen gemacht. Friedrich war in ſeinem Lager wider Verhoffen von dem vorſichtigen Daun angegriffen. Die dunkeln Nachtſtunden waren noch nicht hingeloffen, und die Preuſſen ſchlummerten noch. Daun rukte ohne Getös an, da ſeine entfernte Trommelſchläger den preußiſchen Wachen die Abweſenheit einer Gefahr kund thaten. Loudon, der Tapfere, beſezte Hochkirchen, den Waffenplaz der Feinden. Er ſtekte es in helle Flammen;

14.Oct. 1758.

(r) Judic. 7.

nen; mit diesem Morgenstern brach der Tag an; welcher für Oesterreich ehrenvoll, für Preussen mißlich war. Die Kanonen der leztern huldigten die ersten dem kayserlichen Heer. Sie liessen sich ganz gerne umwenden, und öffneten wider ihre eigene Gebieter ihre Mundlöcher, denen sie sonsten nur die Trauben gezeiget hatten. Der bey dem ergrauenden Tag zur Erden gelegte Nebel nezte den Boden mit kählen Thautropfen, und das Mezeln mit Menschenblut. Dauns siegen ist unstrittig, weil er den Himmel zum Bundsgenossen hatte. Die Gottesfurcht eines Feldherrn verheißt mehr ersprießliches, als der Heldenmuth. Judas, der Machabäer, gieng nur von der Anbetung des Höchsten zu Felde; und schmolz seine Gegner, den Gorgias, Lysias, Timotheus und andere, wie die laue Sonnenstralen den lockeren Schnee. Leopold Daun öffnete seine Feldzüge niemalen, ohne GOtt durch die grosse Siegesmutter zu Mariazell in Steuermark angefleht zu haben. Eine schöne Sache um einen gutchristlichen Feldherrn. Ein silbernes Gewissen stekt wohl unter einem eisernen Harnisch, mit diesem bleibt man ein Soldat, mit jenem ist man ein Unerschrockener, da die grösten Letfeigen nur jene sind, die grossprechen und übel leben. GOtt befahl seinem Volk mit Tugend und Frömmigkeit in das Feld zu ziehen (s); und kan er nicht noch mehr selbes von christlichen Soldaten heischen? Seine Unternehmung zu Hochkirchen war wohl ausgeführt, ob es schon blutige Köpfe gab. Die Lorbeer wachsen nur von dieser Feuchtigkeit. Der Verlust der Preussen war merksam. Der Tod des Feldmarschallen von Keith und des Prinzen von Braunschweig ist die beste Ziffer, die Niederlage der Gemeinen zu mu:hmasen. Wie höher würden die Dinge noch getrieben worden seyn, wenn alles zum Treffen gekommen wäre, wie der vorsichtige Daun es in seinen Maasregeln trug. Metius Suffetius von Zeba in Latien war von Tullo, dem Römerkönig, berufen, die treulosen Fidenaten oder Sabiner zu bekriegen. Er erschien bey dem Angriff nicht, wie ihn Tullus ausführte; und Metius ward zur Strafe von Pferden zerrissen. Der Sieg fodert zu seiner Vollkommenheit die Eintracht und Gehorsam, wo dieser unter den Untergebenen, und jene unter den Häuptern ist, kommt die Sache zu einem erwünschten Ende, sonst nicht.

Torgau und **Eulenburg** können die blutigen Stösse 14. Nov. der beyden Generalen **Haddik** und **Wedels** erzehlen; und was 1758. eben dieser von den Russen, da er statt des erkrankten General 23. Jul. **Dohna** selbe angriff, bey Krossen in Niederschlesien erlitten hat, 1759. mag er selbst offenbaren.

Frankfurt an der Oder weiß von jenem gewaltigen Blutsturz genug zu sagen, welcher sich in seiner Nähe ereignet hat,

K 2   wo

(s) Si egressus fueris adversus hostes tuos in pugnam, custodies te ab omni re mala. Deut. 23.

12.Aug. 1759. wo Friedrich der Kluge mit dem rußischen General Soltikow und Loudon sich in Waffen unterhielt. Es ist der zwölfte Tag des Augustmonats einer der merkwürdigsten, nicht nur des siebenzehenhundert neun und fünfzigsten Jahrs, sondern wohl des ganzen Kriegs. Niemahl kam die Verbitterung so hoch, und die Herzhaftigkeit der Streitenden so weit, als da. Der König dachte mit vollkommener Anwendung seiner Kriegskunst seine Staaten von Feinden zu reinigen. Die Alliirten entgegen suchten die Mark Brandenburg zur Kampfschaubühne zu machen. Die Wolken spalteten sich von dem ausbrechenden Gethöne der Carthaunen, und die Weltkugel seufzete in ihren Angeln unter dem Geklapper der wiehernden Pferden, unter dem Getös der Waffen, und unter dem Geheul der Sterbenden. Friedrich der Kluge schonte seiner höchsten Person so wenig, als der geringste Fusgänger es wagen durfte, der Gefahr zu entgehen. Er war sich immer gegenwärtig, und ob ihm schon das Kleid von den Mousquetenkugeln durchlöchert, und zwey Pferde unter dem Leibe erschossen waren, blieb er in seinen Heldengedanken ungestört. Er empfieng von seinen Adjutanten die sichersten Nachrichten, und schikte durch sie die klügsten Befehle ab. Der abgeschmakte Erdenstaub und der stinkende Pulverrauch hielten seinen Kopf so munter, als die zerriebene spanische Tobakblätter aus seiner Tasche, und die brennende Sonnenstrahlen machten ihm so wenig Ungemach, als der goldene Ordensstern an seiner Brust. Er sah, daß die Seinigen bereits einige Batterien der Moscowitten erobert, und deren linken Flügel würklich zum Weichen gebracht hatten. Wer kan aber der überlegenen Macht widerstehen, so groß er ist, wenn sie von guten Feldherrn angeführt wird. Loudon bracht das Glük zu Pferd mit sich; er ließ seine siegshungrige Reuterey in die Flanken der Preussen einbrechen. Die österreichischen Säbel hieben alles entzwey, was an ihre Schneide kam, und der Sieg hatte seine Richtigkeit. Suche man die Anzahl der Todten in denen Verzeichnissen beyder Theilen. Schauder und Grauen läßt mir nicht zu, die zerschmetterten, zergliederten, zerstükten und blutigen Leichen in eine Rechnung zu bringen. Das kleinmüthige Berlin, die Flucht des königlichen Hauses nach Magdeburg, und der Befehl, die theure Residenzstadt an die allenfalls anrukende Russen zu übergeben, bekräftigten, wie groß die Vorsicht des herrschenden GOttes seye, der mit den Helden der Welt nach Belieben schaltet.

21.Sept. 1759. Die Stadt **Meissen** hatte auf ihren Fluren kein kleines Angedenken, wo sich der Prinz von Zweybrücken und Graf Macquire mit den unerschrockenen österreichischen und Reichsvölkern an die Preussen wagten. Der Kampf war hitzig, und das Gefecht blutig.

21.Nov. 1759. Zu **Maxen** in Sachsen sah man wiederum Lorbeer für Oesterreich und das Reichsvolk wachsen. Daun mehrte seine

Meister-

Meisterstücke mit einem herrlichen Zusatz. Fink, Preussens Generallieutenant, fand keine Ausflucht. Er wurde von einem Hügel zu dem andern, wie ein verfolgter Gems, getrieben. Er büßte seiner Leute viele ein; und war ausser Stand, der Kriegsgefangenschaft mit acht Generalmajors und zwölftausend, fünfhundert, neun und vierzig anderer hohen, mittlern und niedern Rangs zu entwischen.

Die berühmte Generalen Beck und Pellegrini brachten ihre obhabende Verrichtungen bey **Köhlen** an der Elbe zu einem erwünschten Schluß. General Türk führte die Preussen an. Die Erlegten litten einen doppelten Frost, des Winters und des Todtes. Sie mußten ihre Winterquartiere in dem Grab beziehen, woraus sie nächsten Frühling nicht kamen. Die Ueberwinder glitschten über das gefrohrne Blut; und der kalte Schnee prangte mit selbem, weil er wider Gewohnheit auf sich streitende Heere zu tragen hatte, als mit der gewöhnlichen Farbe eines blutigen Kriegs. Der feindliche General mußte mit den Seinigen auf die Freyheit verzüchten; und er erfuhr, daß die Oesterreicher niemahlen hitziger, als wider Türken zu fechten pflegen. 3.Dec. 1759.

Coßdorf in Sachsen stekte den General Beck kein kleines des Siegstreis auf, wo er die Preussen in ihren Cantonirungsquartieren anpakte, und den General Zekteriz von feindlicher Seite mit mehreren ausser den Diensten seines Königs brachte. 10.Febr. 1760.

Zeiz und **Zwickau** wissen von den Heldenübungen des ruhmvollen Grafen von Kleefeld nichts kleines. Es gab an bey den Orten Blut und Gefangene, die wir mit den dreyen Obristen Arnstädt, Dreskow und Froideville in unserer Nachbarschaft sahen. 9.Apr. 1760.

Der Sieg bey **Landshut** in Schlesien war ein Werk des tapferen Loudons. Er hatte Männer bey sich, deren Tapferkeit von ihm so gut, als die Tüchtigkeit zum Streit von Gedeon dem Richter in Israel bey dem Brunnen Harad an seinem Volk geprüft war (t). Er gab ihnen, wie Gedeon den Seinigen Posaunen und Fackeln, also den Heldenruf seines Namens, und das helle Feuer seiner eifrigen Treu für Oesterreich zum Angriff des preußischen Generals Fouquet mit. Sie waren Campitelli, Wolfersdorf, Gaisruck, Müßling, Poztazky, Martigny, Jahnus, Nauendorf, Elrichshausen, Caramelli, Naßely, Kinsky, mit noch grösserer Anzahl österreichischer Helden. Gedeon, der Israelit, bekam von GOTT zum Zeichen seines Siegs über Madian und Amalec ein Schaaffell und das Morgenthau. Gedeon Loudon begnügte 24.Jun. 1760.

(t) Jud. 7.

gnügte sich mit seiner Löwenhaut, und ließ vor der Zeit des Morgenthaues seine Feinde auf ihren verschanzten Gebürg auffodern. Die Widerspänstigen empfanden die Schärfe seines Schwerdts; der Buch= und Doctorberg bey Landshut erfuhr, daß Loudon in der Kriegskunst ein offentlicher Lehrer wäre, der seine Gründe mit Bley und Eisen bewähren könne. Fouquet mit den Seinigen ergab sich, da ihm keine Strasse zur Ausflucht übrig war. Fünftausend, dreyhundert, sieben und siebenzig Mann waren es, die das Gewehr strekten, und nach Brünn in Mähren gewiesen wurden. Die gegen die Brust gekehrten Degenspitzen zeugten, daß sie seiner Gnade das Heft in die Hand geben, ihrer zu verschonen. Die Beute war herrlich, und das eroberte Magazin zu Landshut belohnte die Arbeit des abgematteten Soldaten. Loudon verdiente ein Bildnis von Porphyr in dem Tempel der Helden. Es mag wohl seyn, daß er, wie Gedeon die Männer von Ephraim, also jemand zum Beneider seiner Heldenstreichen hatte. Allein, er sorgte sich dessen wenig, da er lediglich die genaueste Erfüllung seiner Diensten und Treupflichten zum Zwek seines Kummers hatte. Die Verachtung der tollen Eifersucht machte seine Feinde schweigen, und sie getraueten nicht, sich mit einem abholden Gemüth gegen ihm aufzublähen (u).

15.Aug. 1760. Wer in Siegen und Verlust eine gleiche Seele besizt, kan sich unter die Grossen mischen, welche Gutes und Böses mit einer ungeänderten Stirne aufnehmen. Stolz und Uebermuth in dem Glük ist einem Menschen so schimpflich, als die Verzweiflung in dem Unglük schädlich seyn kan. Es ist eine eben so grosse Kunst sich mit diesem in Gelassenheit betragen, als mit jenem sich in Mäßigkeit begnügen, ob beydes schon ein Kunstgriff erhabener Herzen ist. Böse Zufälle drucken das Gemüth von sich selbsten tiefer hinab, als günstige es erheben. Nicht nur jener verdienet den Namen eines Helden, der seine Feinde im Triumph führet, sondern auch jener, der ohne Niederträchtigkeit in selbem gehen kan, und wie Sesostres, der Aegyptier, die Unbilden des Geschiks mit lachendem Munde an einem umlaufenden Rad beschauet. Der grösste Sieg ist, wenn man sich selbst leiten kan; und wo will man einen grösseren Muth finden, als dorten, wo er in unfreundlichen Anfällen aufrecht bleibt. Der Löw behält seine Gestalt auch in einem zerbrochenem Spiegelglas; und wie immer der Würfel fällt, steht er doch allemal, so wenig er Augen hat. Liegniz in Schlesien gereichte Loudon dem Tapferen zu einem Probstein seines Heldenmuths. Er war über die Kazbach gewiesen, den König in Preussen, mit dem General Lascy, zur Rechten und Linken zu bestreiten. So beschwerlich ihm war, auf die Anhöhen in den ersten Morgenstunden zu klettern, so unverhoft war es, daß die gänzliche Feindsmacht ihm auf dem Hals fiel, weil sie anderwärts nicht gestört war. Die Noth zwang ihn zu fechten. Er stritte mit den
Seinigen

(u) Requirit Spiritus eorum, quo tumebant contra eum. Jud. 8. v. 3.

Seinigen nach Kräften und Vermögen; weil ihm etwas anders zu wählen nicht vergönnet wurde. Die Feinde wichen zwar, kamen aber in Bälde in grösster Anzahl wieder zum Vorschein. Die Klugheit rieth ihm ein, sich aus der Schlinge zu bringen. Sein Abzug war eben so wundersam, als wenn er seine Anfechter bezwungen hätte. Er geschah in einer Ordnung, welche der Feind nicht verwirren konnte, und mit einer Unzaghaftigkeit, die nur Helden gebühret, und die bittersten Mißfälle nicht schwächen mochten. Nouvroy bedekte ihn mit seinen Kanonen, die er auf die Feinde losbrann. Der Verlust der Oesterreichern konnte nicht gering seyn; die Todten lagen in ihrem Blut in leibiger Anzahl. Allein sie botheu ihr Leben nicht so wohlfeil, daß sie nicht zwey ganze Regimenter in Stücken zerhieben. Die Leichen waren untereinander gemengt, sie küsseten sich mit blassen Lippen, die sie gegen sich vorher so heftig zerbissen. Loudon stund in dem Unglük unertattert, weil man ihm nichts zur Last legen konnte. Die Sonne, als sie in den Tagen des Ezechias zurukwich, verlohr an ihrer Heitere nichts, und was Schaden bringt es einem Strom, wenn er von dem Ostwind hinter sich getrieben wird. Beeder Lauf ist auf eine kurze Zeit gehemmet, und hat man vom Glük zum Unglük eben so viel Schritte zu machen, als von diesem zu jenem. Man war von der Billigkeit unterstützt, ihm zu sagen, was Cicero dem Fabius: deine Tapferkeit hat dir mehr gegeben, als das mißgünstige Glük entzogen (v).

Von **Strehlen** in Sachsen kamen ebenfalls blutige Nachrichten. Prinz Stollberg, die Grafen Haddick und Guasco und Kleefeld führten die Reichsarmee mit Unterstützung von österreichischen Regimentern zu Grosthaten an. Der Kern ihres Siegs hatte das Lob eines geschmacken, weil man Hülsen zerbrach, und wenn sich die Preussen desselben nicht zugleich anmasen, bleibt er ihnen eigen. 20. Aug. 1760.

Bey **Torgau** fand man fast gleiche Umstände des wandelbaren Glüks. Der schlipfrige Sieg verließ seine Inhaber zu grossem Nachtheil. Daun, der Feldmarschall empfieng eine Wunde, er stritt, da ihm das Heldenblut immer über das Fusbein abrann, und er hielte seine Armee gegen dem wie ein Blitz aus Schlesien ankommenden Friedrich auf den Beinen, da die seinen ihn nicht mehr tragen wollten. Er mußte sich von dem Schlachtfelde nach Torgau bringen lassen, seiner Wunde Hülfe zu verschaffen. Bitteres Verhängnis für einen Feldherrn, wenn er in der Mitte seiner Siege von seinem eigenen Blut gehindert wird, so er zu opfern gesinnt war. Das bis in die spathe Nacht tobende Gefecht fraß etliche tausend auf. Die wiederhohlte Angriffe, die Hartnädigkeit 3. Nov. 1760.

___

(v) Plus tibi virtus tua dedit, quam fortuna abstulit. Cicer. Epist. ad Fabium.

ßigkeit der Kämpfenden, und die Begierde, die Winterquartiere in Sachsen zu beziehen, geben Anlaß, von dem vergossenen Blut zu urtheilen; das Bild eines Mahlers, wenn sich dessen Meister davon entfernen muß, kan zu seiner Vollkommenheit nicht gelangen, wenn der Pensel schon einem andern überlassen wird. Das Werk eines Kopfs taugt nicht für einen andern, die Begriffe sind zu unterschieden, als daß sie gleich fruchten sollten; und gleichwie nicht alle Augen gleiche Schärfe haben, wenn sie auch durch ein Glas schauen; also sind nicht alle Finger von gleicher Geschiklichkeit, dem Soldaten die Wege zu siegen zu weisen, wenn sie schon einen Commandostab in selben drehen.

Töpliz, Chemniz und Freyberg in dem sächsischen
1762. Erzgebürg werden die blutigen Merkmahle des Kriegs, so selben öfters angespritzt wurden, noch lange sehen können. Die Reichsarmee, unter dem Kriegsgeistvollen Prinzen von Stollberg machte hier den Beschluß des Kriegs in offenem Felde. Die mangelnde Unterstützung riß ihr die Lorbeer aus den Händen, da sie selbe schon auf die Häupter setzen wollten; und ist der erlittene Schaden eine Folge der verzögerten Hülfe und anderer unterloffenen Dingen, welche dem Reichsheer von jenen widerfuhren, mit welchen es kämpfte. Wer dem Reichsvolk die Tapferkeit abspricht, muß selbsten keine haben, oder von dem geschwülstigen Gemüthe verdorbene Ideen besitzen. Es ist aus Alemannen zusammengebracht, die Grosmuth und Herzhaftigkeit erblich haben. Die Geschichten dieses Kriegs müssen dessen guter Unternehmungen mit Ruhm gedenken, wenn sie von keiner spöttlenden Feder geschrieben sind. Dresden, Leipzig, Wittenberg, Meissen, Maxen, Strehla, Sachsen und Thüringen müssen ihnen die Zeugschaft ihrer Branchbarkeit in dem Archiv des menschlichen Gedächtnisses zurüklegen. Die hohen Generalen, dero Befehlen das Reichsheer gehorchte, der wackere Hildburgshausen, der betagte Serbelloni, der auf Heldenthaten bedachte Prinz von Zweybrücken, der ungarische Haddik, und der zu grossen Dingen gebohrne Prinz von Stollberg müssen gestehen, daß dessen zuweilen, wie es andern widerfuhr, mißlungene Bearbeitungen nicht von Abgang der Tapferkeit, sondern von schlechten Anstalten, verweigerten Beystand, geringer Verpflegung und etwa der Abwesenheit ihrer Generalen entsprungen seye. Genug: die hohen Stände sind von ihren Officieren und Soldaten geehrt; und diese verdienen von jenen geachtet zu werden. Blut, so sie zur Ehre des römischen Reichs dargebotten, und Geld, so sie kosteten, machen sie kostbar. Gebe GOtt! daß sie fürohin zu Hause bleiben, und die süsse Ruhe mit uns geniessen können.

Ich will des Blutvergiessens in Westphalen und dortigen Gränzen nicht gedenken, es war ziemlich. Deutsche, Engelländer und Franzosen vergossen es in schweren Treffen. Hastenbek, wo Galliens wahrhafter Ulysses, Marschall von Etrees, den Prinz

Cum

Cumberland bis auf Stade zurüktrieb. Crevelt, wo die französischen Lilien unter die Dörner kamen. Bergen bey Frankfurt, wo an dem heiligen Charfreytag die Erlösung unsers Vatterlandes durch den ausbündigen Marschall von Broglio gegen die Alliirten bewürkt war, und Isenburg in dem Blut ersoff. Landwehrhagen in Hessen, wo die Gallier die Alliirten bemeisterten. Minden, Dettmold, Einbek, wo die Lilien spannen nicht, das ist, keine Seide. Corbach, wo die überwindenden Franzmänner über die Ehre des Triumphs jauchzten. Warburg, wo eben diese in stillerem Thon abzogen. Das Treffen bey Closter Camp in dem Clevischen, wo die Alliirten von grossen Vortheilen nichts erzehlen konnten. Das wichtige und zweytägige Gefecht bey Sillingshausen in Westphalen, wo Franzosen, Britten und Deutschen sich zerrauften; die Begebenheit bey Langensalza in Thüringen, wo es Franzosen und Sachsen mißlung; und jene zu Grünberg in Oberhessen, wo es ihnen besser ergieng. Lippstadt und Grebenstein, wo sie, statt der Lorbeern, Cypressen sammleten. Und andere Vorfälle, Scharmützel und unfreundliche Begegnungen waren keine Gelegenheit die Adern zu verbinden, sondern zu bedauerlichen Oefnungen aufzuritzen. Setzen wir noch die blutigen Händel der Schweden und Preussen Zeit sieben Jahren daher, und melden wir etwas, was in Ost= und Westindien, auf den französischen Küsten und auf den Meerwässern sich zwischen christlichen Escadern ereignet, wo man so viele Leichen den Delphinen zur Speise hinwarf, und wo die Schiffe in mit Blut gefärbten Wellen schwammen, ist es ja wahr, daß wir binnen sieben Jahren blutige Kriege erlebt haben, die ihres gleichen schwerlich hatten. Hannibal, als er die Römer bey Cannen geschlagen hatte, schikte drey Viertel der Fingerringen von den Erwürgten nach Carthago, die Abscheulichkeit der Niederlage den Africanern zu botschaften. Wie? wenn wir von jedem der in dem abgewichenem Krieg Ermordeten nur eine Schale Blut hätten, was könnten wir davon in einem blutigen See anders urtheilen, als daß er ein blutiger, ein erschreklicher gewesen seye.

Ich hab euch, liebe Kinder! zu einem heilsamen Schrecken nur etwas aus der grossen Blutgeschicht des vergangenen Unwesens erzehlt, meinen Saz wahr zu machen. Es sind noch mehr abgebrannte Städte, die Glut und Blut beysammen fanden. O! es ist nur alles gar zu wahr. Der Jammer wird noch lange empfindlich seyn; und verhüte doch der barmherzige GOtt, daß ihm kein neuer auf die blutigen Fersen trette. Der Wunsch ist allgemein; und warum sollte er nicht aus der ganzen Brust der deutschen Welt kommen. Grosse fürstliche Häuser sind in Trauer gesezt. Hochadeliche Geschlechter schauen ihre Stammbäume der schönsten Aeste beraubt, welche der wüthende Krieg abgerissen hat, von welchen sie doch spathe Zweige hoffeten. Tausend und tausend Waysen und Wittwen sind in das Spital der Armseligkeit von getödteten Vättern und Ehemännern verwiesen. Ganze Provinzen sind verheeret, deren Herstellung die Hofnung nur ferner Enkeln zum Zwek hat.

GOtt strafte die Welt; ist es nicht augenscheinlich? die kriegende Theile haben sich ein schlechtes Gewinnst gemacht; ihre Eroberungen nach so grossem Aufwand sind in Deutschland wenig, oder keine. Der böse Krieg glich einem Fluß, welcher nach der Ueberschwemmung keiner Seite etwas zugeströmet hat, da er nur die nahen Matten und Auen zu verderben aus seinen Ufern trat; und wie die grossen Planeten nach der Finsternis alles Ihrige behalten, da indessen die Erde in ihren Gewächsen litte; also blieben nach dem Krieg die hohen Mächte in ihrem Eigenthume, da mittlerweil die Länder verhergt wurden. Es scheinet ja offenbar, es seye alles lediglich zur Bestrafung des sündhaften Menschengeschlechts ausgefallen. Es hat GOtt ohnedem keine grössere Zuchtruthe, als den Tod, und da dieser in dem vergangenen Krieg seine gewöhnliche Sense hintangelegt, nahm er, gewaltthätig zu seyn, Feuer, Eisen und Bley, sein schwarzes Register mit den Nämen der Erwürgten anzufüllen.

Anjetzo zeigt uns GOtt seine Erbarmungen. Der würkliche Fried der Monarchen hat auf sein mildes Geheiß die Blutquellen verstopft. Die Schwerdter sind in die Scheide zurückgekehrt; und Kanonen und Feuermörser in dem Janustempel verschlossen, von ihrem Blutgeräusch (ach daß es lange dauerte) ausgerastet. Panduren, Croaten, Lykaner, Oguliner, Ottochaner, Cosaken und Uhlanen, Völker, welche der Tod zu Häschern angeworben, legen Spiesse, Lanzen, Messer und Pistolen von sich. Der Hussar geht nach Hause, und gesamte Soldaten erfrischen sich unter den Olivenbäumen des lieben Friedens. Ja! wir haben dem barmherzigen GOtt zu danken, daß er dem blutigen Unwesen das Ende gemacht hat. Wenn ich euch mit meinen gar zu vielen Proben eines blutigen Kriegs in Schweis und Schauder gebracht habe; so gebe ich nun dahin, euch mit den entwichenen Mißlichkeiten eines gefährlichen Kriegs die Herzen zur Freude aufzumuntern.

Die Gefahr des Uebels ist von dem Uebel selbsten so entschieden, als das Brennen von dem Feuer. Sie muß aber keine eingebildete seyn, welche nur die Schwermuth in der schwarzen Einbildung aufhängt. Wir fürchten die Erddämpfe, weil sie uns in den Sommertägen böse Gewitter ob den Häuptern verursachen; und wir scheuen die vergiftete Luft, weil sie uns die Pestbeulen, oder doch eine schwere Unpäßlichkeit anblasen kan. Wer sich retten will, muß sich nicht nur von dem Uebel, sondern auch von dessen Gefahr entfernen. Die Welt ist voll der Gefahren, welche ihren Inwohnern zu fürchten sind. Ihre Elementen drohen ihr die meisten. Das Feuer in seinem Umfressen, das Meer in seinem Ausbruch durch Dämme und Gegenufer, die Luft mit ihren Donnerkeulen, und die Erde in ihren Bebungen sind ja ein herber Wechsel irrdischer Gefahren. Und dennoch sind jene wohl die grössten,

ten, so sich die Menschen selbsten verursachen. Zänke und Kriege zetteln die gefährlichsten Umstände unter ihnen an. Sie zehren sich in selben nicht nur selbsten auf; sondern bringen die Gesetze, Reichsverfassungen, ja die Religion selbsten in die Gefahr des Umsturzes. Wer hat von sothanen Dingen in den Geschichten nichts gelesen? Wem sind sie nicht bekannt? und wer darf dem leidigen Krieg die Eigenschaft eines gefährlichen absprechen?

Es lassen sich freylich Menschen finden, die von den Gefahren der lezten Reichszwisten nichts wissen wollen; sie lebten ohne Kummer; und dachten an die fürchterliche Folgen derselben nicht. Sie lasen die Zeitungsblätter, so übel sie lauteten, mit Scherz; und spotteten der Reiferdenkenden mit einem leichten Sinn, wie die Hebräerzünften, als ihnen Samuel das Recht des neuverlangten Königs mit den anklebenden Gefahren zu Gemüth legte. Israel war der Richtern überdrüßig, unter welchen es bis dahin stund. Es sah um sich her Völkerschaften, welche dem Scepter gekrönter Fürsten gehorchten. Sie sehnten eben nach dieser Herrschungsgattung, weil sie ihnen prächtiger schien; und begehrten von Samuel, der sich seines Richteramts begab, ebenfalls einen König; weil dessen Söhne Joel und Abia zu Bersabee der Gerechtigkeit schlechte Freunde waren (x). Die ernstlichen Vorstellungen geschahen an den Propheten zu Ramatha. Das Anbringen wollte noch dem HErrn, noch Samuel gefallen. GOtt geboth dem frommen und wahrhaften Weissager, dem Volk das Recht eines Königs, wie es damahl bey denen angränzenden üblich war, das ist, die nahe Gefahr Israels vorzusagen. Samuel thut es, und das Volk horchet mit aufgerekten Ohren. Dieses wird des Königs Recht seyn, sagte er, das ist, jenes, so er sich zwar nicht allerdings gebrauchen sollte, sondern sich dessen mit Gewalt anmasen, und zur schweren Unbilde Israels zulegen wurde, wie es Menochius betrachtet: Er wird eure Söhne auf seine Streitwägen setzen; und wird sie zu seinen Reutern und Trabanten machen, die vor seinen Wägen herlaufen. Sie werden ihm zu Knechten und Sclaven werden, seine Felder zu bauen; und er wird sie zu Kriegs- und Friedensdiensten bestimmen, seinen Thron zu verherrlichen. Eure Töchtern werden eurem Gewalt entführt, und in seine Küche, zu seinem Backöfen und Apotheken verwiesen seyn, der Wollust seiner Sinnen beyzuhelfen. Er wird euch eure Knechte und Mägde entführen, seinen Nutzen vorzusehen. Er wird von eurer Habschaft die besten Felder, Weinberge und Oelgärten auserkiesen, und in die Lagerbücher seines unersättlichen Renthamts eintragen lassen. Er wird zum Ueberfluß seines mißbrauchten Gewalts auch von dem, was er euch zur gesparsamen Ernährung von Früchten und Heerden noch gönnen wird, den strengesten Zehenden fodern; und sogar eurer Eseln sich bemächtigen. Grosse Gefahren für Israel. Allein es war blind. Es erkennte sich nicht; und hatte davon wenig Kummer.

(x) 1 Reg. 8.

Leben nicht Leute unter uns, die die Gefahren des abgelösenen schlimmen Kriegs mit eben so geringer Aufsicht beherzigten. Muthe man mir nicht zu, daß ich Monarchen etwas aufzubürden suche, was sie zum Schaden des deutschen Reichs in vergangenen Unruhen etwa ersonnen hätten. Nein! ich will den Grossen den Namen der Vättern des Vatterlandes nicht entnehmen. Ich würde mir ein Ding auf den Hals bringen, dessen Verantwortung mir zu einer Unmöglichkeit seyn würde. Ich weiß aus der Schrift, wie gefährlich es sey, die Majestät ausforschen wollen (y); und was eine Kekheit jenem die Augengläser schärfe, der in die Absichten der Fürsten einzusehen, selbe auf die verwegene Nase setzt. Beschuldige mich dessen kein Mensch, weil ich meine blöde Schwachheit erkenne.

Ich behaupte allein, was klügere muthmaseten, und erfahrnere furchten. Sie theilten die Gefahren des Kriegs in zwey Gattungen, deren eine von innen, die andere von aussen gutgesinnte und patriotische Gemüther beobachteten. Höret sie nicht von mir, sondern von klügern.

Der Umsturz, oder doch die Entstaltung der schönen Verfassungen des heiligen römischen deutschen Reichs war die erste Gefahr, so ihnen, wie die Zerstäubung des Traumbildes Nabuchodonosor von den anfallenden Stein, deutlich vorkam. Das deutsche Reich ist unter andern wohl das schönste, so unter gesitteten Menschen zum Besten der vernünftigen Welt gestiftet ist. Seine Bezirken sind freylich mit nähern Marksteinen umzingelt, als das Reich der alten Kaysern war, welche der Welt von Rom aus Die Befehle gaben. Das verfallene Reich gegen Niedergang war die Asche, aus welcher Carl der Grosse, mit Rath und Beyhülfe Leons des Dritten römischen Pabsts, das deutsche Reich erhob. Es vergaß dieser unvergleichliche Kayser, der zumahl Frankreich beherrschte, nichts, dessen Ansehen und Herrlichkeit erhaben zu machen. Seine Klugheit erfann die nützlichsten Mittel, selbes in den hellesten Schimmer zu setzen. Die Reichskleinodien, welche die Majestät des deutschen Kayserthrons zieren, sind ein kostbares Geschenk dieses grossen Carls; und die Macht eines Kaysers war seine Erfindung, welche er zum Schrecken der Feinden mit seinen Waffen zu unterstützen wußte. Er verdiente, daß seinen Nachkömmlingen die deutsche Reichskron eine zeitlang geeignet ward. Der römische Reichsadler trug selbe, nach Erheischung der Umständen, bald auf sächsischen, bald fränkischen, bald schwäbischen, bald bayrischen Häuptern herum. Die meisten allerhöchsten Oberhäupter des Reichs arbeiteten an guten Verfassungen dessen Grund fest zu legen. Die Welt hat nichts prächtigers, als die Hofhaltung eines Kaysers; sein Thron ist mit Fürsten umzingelt, welche von eigenen Gewalt groß sind; und welche in ihren Erzämtern, deren nun neune sind, die Majestät eines Kaysers zu dem besten Ebenbilde

(y) *Qui Scrutator est Majestatis opprimetur a gloria.* Prov. 25.

bilde des herrschenden GOttes machen, dessen Thron mit neun
Chören himmlischer Geistern umgeben ist. Kan man sich etwas
scheinbareres vorstellen, als den grossen Churfürstenrath, welcher
aus Geistlichen und Weltlichen nach und nach erwachsen ist. Maynz
ist mit seinem Erzbischoffen geehrt, welcher das wichtige Amt eines
Erzcanzlers durch Deutschland trägt. Trier und Cölln sehen die
ihrigen in gleicher Würde, mit diesem Unterscheid, daß dem ersten
die Erzcanzlersstelle durch Gallien und das arelatische Reich, dem
andern durch Italien zukommt. Der König in Böheim begleitet
die Würde eines Erzmundschenken. Bayerns Fürsten sind Erz-
truchsessen, und eignen sich den Reichsapfel zu. Sachsens Herzogen führen das Schwerdt als Erzmarschallen. Brandenburgs
Marggrafen den Scepter, als Erzcämmerer. Churpfalz maset sich
die goldene Reichskrone, als Erzschazmeister an; und Braunschweig Hannover mehrte endlich diesen durchlauchtigsten Rath unter Leopold dem Grossen.

Hat aber Germanien, das gekrönte und prächtige Germanien von seinen übrigen Ständen minder Vorzüge? Fehlet es nicht
unter ihnen Erzbischöffe, Bischöffe und Prälaten? Schimmert es
nicht von Erzherzogen, Herzogen, Fürsten, Marggrafen, Land-
grafen, Burggrafen, Grafen, Baronen, einer freyen Reichsritter-
schaft und den schönsten Reichsstädten? Ist es nicht eine Pflanz-
schul der Königen selbsten, da aus dessen durchlauchtigsten Stamm-
häusern auswärtige Reiche, als Engelland, Pohlen, Dännemark,
Schweden, Preussen, und in unsern Tagen auch Moscau sich kro-
nenfähige Köpfe gesucht haben? Wo findet man in andern Reichen
der Erde so vieles Vorzügliches?

Den Eifer belangend, Germanien mit guten Grundsätzen
gegen dem Taumlen irrdischer Dingen zu befestigen, was erdachten die römischen Kayser nicht? und was ersparte man in dessen
Einrichtungen? Sie waren nach ihrer Grösse und Weitschichtigkeit
abgefaßt; da sich das deutsche Reich gegen Abend an Frankreich
und die Niederlande, gegen Morgen an Pohlen, Ungarn und Scla-
vonien, gegen Mittag an die adriatische See und die rhätische
Schneeberge, gegen Norden an Dännemark, die deutsche und bal-
dische See erstrecket. Die goldne Bull Carl des Vierten, der allgemeine Landfrieden, den Maximilian der Erste gegen das mörde-
rische Faustrecht stiftete, die kayserlichen Wahlcapitulationen, die
pragmatische Verordnungen und andere Friedensverträge sind heut
zu Tage die Gesetze des Reichs, deren einige aus mißlichen Umständen zur Schmälerung des kayserlichen Gewalts und Bekränkung der uhralten herrschenden catholischen Religion kamen. Was
eine Menge der Dicasterien sind abgeschaft, die allgemeinen und
sonderheitlichen Geschäfte zu behandlen, und der bedrängten Gerechtigkeit, der bedrükten Wohlfahrt zu steuren. Die Churfürsten-
täge, die Rathstäge der Reichskreisen, in welche Maximilian der
Erste Deutschland eintheilte, die Reichsdeputation, der Reichstag
zu Regenspurg, der geheime kayserliche Rath aus tüchtigsten Män-
nern,

nern, der Reichshofrath, vor dessen heilsame Triebe Ferdinand der Erste, Maximilian der Andere, Matthias, Ferdinand der Dritte aus dem allerdurchlauchtigsten Hause so viele Sorge trugen, das kayserliche Kammergericht, welches Maximilian der Erste zu Worms aufstellte, und dessen unvorgreifliche Gerichtsbarkeit vormahls nacheinander die Städte Frankfurt, Nürnberg, Worms, Speyer, heut zu Tage aber Wezlar in der Wetterau angewiesen ist. Das Gericht der Austregen, die Reichscanzley, und dessen für die Reichsabschiede, auch andere Gesetze gewidmete Reichsarchiv, sind diese nicht grosse Dinge, die auf das Wohl Germaniens absehen?

Wer mag anders denken, wenn er die Wahrheit liebt? Ist es aber wohl möglich, daß ein so gut gegründetes Reich seines Umsturzes, oder doch seiner Abänderung eine Gefahr leiden sollte. Die Himmelskreise bleiben in ihrem alten Wesen, weil sie GOttes Hand in einander geflochten; und die Natur läßt sich von ihrer ersten Verfassung nicht ab, da sie ein Werk des grossen Schöpfers ist. Solle wohl aber eine Gefahr zu erdenken seyn, welche der von Himmel und Erden ausgearbeiteten Vestigkeit des deutschen Reichs zu Schaden anrucken könnte? O! der wandelbaren Dingen der Welt. Ist das Sonnenbild zu Rhodus von dem Erdbeben in Trümmer gebracht, und sind die Feuersäulen zu Memphis von denen Unbilden des Wetters verstaltet worden, wie solle sich Deutschland eine Beharrlichkeit versprechen können, da es schon so manche Stösse aushielt, welche es erschütterten. Die gegen sich streitenden Religionen, das geminderte Ansehen des allerhöchsten Oberhaupts, das zwischen Kayser und Ständen sich äussernde Mißtrauen, die Macht der leztern, und deren geheimes Verbindniß mit Auswärtigen, welche dem deutschen Reich seine Hoheit mißgönnen, und wie die Raubbienen um den Honigkorb schwärmen, sind die unfreundlichen Gestirne, aus welchen die klugen und patriotischen Staatsaugen die größten Gefahren für Germanien vorsahen. Wir dörfen sie nicht in fernen Geschichten suchen. Unsere Zeiten sind davon sattsam merkwürdig. Es wäre dieses zu behaupten der innerliche Krieg schon genug, von dem ich euch in dem ersten Theil viel wehmüthiges sagte. Es ergaben sich zu diesem noch mehrere Dinge. Wie schlecht wurden die allerhöchsten Befehle unsers zur allgemeinen Herstellung des Friedens so besorgten allergnädigsten römischen Kaysers Franciscus des Ersten befolgt? Man begnügte sich mit derselben Ablesung und Anheftung auf öffentlichen Plätzen, ohne sie würksam zu machen. Mit was Finsternissen und bösen Aspecten füllte man zu Regenspurg die Römermonten in dem Majestätsalmanach des kayserlichen Throns? Wie übel war allda der Comitialsicherheit vorgesehen? Aus was Gefahren hatte sich das kayserliche Kammergericht zu Wezlar zu wiklen? In was Trennungen und Spaltungen theilten sich nicht die Gemüther, und war es nicht nächstens darbey, daß die würkliche und dem Besten eines Reichs so nachtheilige Itio in Partes zu Stand kommete? Hat man aus den abgeloffenen Verwirrungen nicht die Urstände des Faustrechts merken, und den Statum
regu-

regulorum befürchten können, da die kleinern Stände die grössern mit schüchternen Augen ansahen, und die schwächern den mächtigern, wie die Tauben den Adlern, und wie die Fische den Delphinen, nichts freundliches zutraueten? Sah es in dem römischen Reich nicht einem Hause gleich, worinn die Wirthschaft nach eines jeden Gefallen geht? Und war es nicht wie eine in der Mitte entzweygespaltene Kugel, welche in ihrem Lauf gehemmet wird? Ich will der öfteren Gefahren unseres schwäbischen Vatterlandes keine Erwähnung thun. Ihr höretet mich ein anderesmal davon mit Wehklagen sprechen. Wie stund es um die Religion?

Da ergeht es mir wie den Schiffleuten bey der Insul Taprobrana, oder Sumatra, wo sie den Polstern aus den Augen verlieren, und statt der Magnetnadel dem Flug gewisser Vögeln nachrudern müssen. Mein Auge ist da verdunkelt, und wer bin ich, daß ich von den Absichten der Monarchen etwas, auch nur das mindeste zu errathen mir schmeichlen sollte. Es ist freylich nun keine Zeit mehr, wegen der Religion vieles Lermen zu machen, da es fast einem jeden, was er will, zu glauben anheim gestellt ist. Man denkt itzt mehrer sein eignes, als das Reich Christi zu vermehren; und ist unter andern Sorgen diese wohl die geringste, ob die Kirche GOttes Eroberungen mache, oder verliere. Das Alterthum zeugt uns doch, daß die Religionskriege die hartnäckigste seyen. Frankreich, Holland und Deutschland haben davon grosse Geschichten. So heftig Wahrheit und Betrug einander entgegen sind, so wenig bleiben jene gegen sich gutgesinnt, die in Glaubenssachen ungleich denken. Der von Kindesbeinen mit dem Menschen erwachsene, und von Mutterbrüsten gesaugte Grollen setzt sich in das Gemüthe, und wird, wenn die Waffen dazu kommen, ungehalten. Die ohne Mäßigkeit und Klugheit gesudelte Streitschriften bringen das Feuer der Zweytracht in helle Flammen; und wird man von bösen Vorurtheilen gegen sich wie Adler und Schlangen unversöhnlich. Unsere wahre Kirche hat davon ihre Wunden noch zu zeigen. Der schwedische Krieg in dem vergangenen Jahrhundert war ihr ungünstig, und der Friede zu Osnabrügg feindlich. Das catholische Christenthum mußte sich in Deutschland mit zween anderen Lehren, nemlich des Luthers und Calvins verbürgeren. Es verlohr, ohne anderer Drangsalen zu gedenken, eine Menge seiner Kleinodien. Die Porten der Hölle liessen Cerber und Furien los, selbes gänzlich zu vertilgen. Allein GOttes Versprechen ward nicht umgestossen, daß sie sich seiner niemal bemächtigen würden. Die Gabaoniten mischten sich mit Betrug in eine Gesellschaft und Bündnis mit Israel unter Josue ein; sie mußten aber ihnen als Knechte dienen, und das catholische Deutschland mußte sich mit fremden Lehren, wie das Licht mit dem Schatten, betragen, welche ihm nun beynahe gebiethen wollen, da sie doch nur die erduldete sind. Der geistliche Braten ward mit dem grossen Messer des Gewalts getheilt. Brandenburg erhielt für sich das Erzbisthum Magdeburg, mit den Bistümern Havelverg, Camin, Halberstadt und Minden. Braunschweig riß das Kloster Walkenried und

und Osnabrügg das Bistum, an sich, welchem wechselsweise ein catholisches und gegenglaubendes Oberhaupt aus dem Hause Braunschweiglüneburg vorstehen sollte. Hessencassel nahm die schöne Abtey Hirsfeld zum Genuß. Meklenburg sezte sich in Besitz beeder Bistümer Schwerin und Razeburg, und Schweden griff nach dem Erzbistum Bremen und dem Bistum Verden, ohne anderer schöner Abteyen und Klöster zu gedenken, welche in erstaunlicher Anzahl aus dem Angel der Ordenszucht in das unbändige wilde Wesen zum Genuß ungebührender Inhabern gerissen wurden. Innocentius der Zehende beweinte das Unglük der Kirche, und widersprach das gewaltthätige Verfahren mit Thränen, welches die römischen Päbste, so lange der Kirchenfels stehen wird, niemal bestätigen werden.

Wie war es in dem leztern Krieg auf uns gemünzt? Ich kan nicht antworten. Die Catholischen fühlten aller Orten von Bedrängnißen mehrer, denn andere. Solle es wahr seyn, daß man von vielen Jahren her schon das Papier gestempelt hat, den anderten Band des westphälischen Friedens zu verfertigen? Ist es so, daß man die gesegneten Erdschollen gewisser Bistümer zu einem ergiebigen Ersaz eines fehlsichtigen, unfruchtbaren und öden Erdreichs bestimmt habe? Wenigstens hinderte man die von allen Rechten erlaubte Bischofswahl zu Paderborn und Münster nach dem Hintritt des Churfürsten von Cölln. Was konnte man aus den entunehrten Tempeln, zerstörten Gottesháusern, entführten Kirchenschäzen, welchen die geplagten Aaronskinder unter Spott und Drangsalen als Geiseln nachgeschleppt wurden, den ausgeraubten Klöstern, dem mißhandelten Priesterthum, zerschlagnen Bildern, zertrümmerten Altären, schliessen? Wird jener Geist des Cyrus seiner Kraft entsezt seyn, welcher diesen Monarchen die von Nabuchodonosor aus Salomonstempel entführte Kirchenschäze durch Sassabassar den Fürsten von Juda zuruk zu stellen, antrieb (z)? Die Hofnung muß sich bey der Zeit folgender Tägen anfragen.

Fürsten wissen öfters von dem Wüthen ihrer Kriegsknechten nicht alles; und diese pflegen über das Geheiß ihrer Königen meistens zu schreiten. Die Raserey des Soldaten, die er an dem Heiligthum ausübt, sind am wenigsten Befehle der auch gegengesinnten Monarchen. Wer sich in dem Krieg Lorbeern sucht, wagt sich nicht an die Leviten, von welchen er keine Siege hoffen kan, weil sie von ihrem Beruf entwafnet sind. Boshafte Wüther, und des Himmels vergessene Lotterbuben machen sich davon gros, daß sie nicht zum siegen, sondern zur Verheerung des Heiligthums selbsten die Hände ausgestrekt haben. Sie streichen ihre Knebel bey Entheiligung des Altars, und wezen ihre Waffen auf den

Steinen

(z) Rex quoque Cyrus Rex Persarum protulit vasa templi Domini, quæ tulerat Nabuchodonosor de Jerusalem, & posuerat ea in templo Dei sui. 1 Esdæ 7.

Steinen der gesalbten Mäuern, sich dorten Tropheen aufzusetzen, wo nur GOtt die Seinigen hat; hätten wir derley unverantwortliche Unfüge nicht auch in unserem Schwabenlande mit ächzender Brust erlebt, wenn die öfters gedrohete Einfälle auf der angetrettenen Strasse von feindlichen Heeren ihren Fortgang beschleuniget hätten. GOtt ließ sich von unsern Seufzeren zur Barmherzigkeit lenken. Die Glocke von den österreichischen Kirchthürnen munterte zur Mittagzeit die Christen zum Gebet auf, die sonsten allein bey dem zu befahrenden Einbruch der wilden Saracenen zu thönen pflegte; und die Vorsicht der obersten Kirchenfürsten geboth nicht ohne Ursach, bey den heiligen Opfertischen jenes Gebett zu sprechen, welches bey den gefährlichsten Kriegsempörungen zu Anflehungsseufzeren vorgeschrieben ist. Widerstehe, o! HErr, so bitten wir dich, dem Hochmuth unserer Feinden. Zerbrich ihren Troz, und wirf ihn mit der Kraft deiner rechten Hand zu Boden, durch Christum unsern HErren (aa). Amen.

Weiter kan ich in Vorbildung der inneren Gefahren des lezteren Kriegs nicht kommen, als daß ich den Frieden selbsten, nach welchen wir doch seufzeten, als einen gefährlichen ätgebe. Wie? der Frieden? Ja. Er ist nicht allemal der, für welchen man ihn mit Trompeten und Pauken in die Welt streuet. Man hat schon Verbindnissen gemacht, welche betrübtere Würkungen hatten, als der Krieg selbsten. Die Grossen mußten öfters Dinge unterschreiben, die guten Seelen bitterer fielen, als das Waffengeräusch. Sie dauerten, weil sie mit Noth und Zwang in die abgebrungenen Verträge kamen, kurz. Die Vereinigung der Gestirnen sind nicht allemal die heilsamsten. Zween mit Gewalt an sich gebundene Aeste zerreissen den Armseligen zu Stücken, der in sie geflochten ist; und weh dem Finger, der zwischen die zween Theile einer Zange kommt, wenn sie sich vereinigen wollen. Wie oft schryen wir nach dem Frieden, und wie oft zweifelten wir, ob uns bessere Vortheile von ihm, als dem Krieg selbsten, zu hoffen wären. Wir hörten sowohl vor, als in dem Getös der Waffen von Bedrückung der Geistlichkeit vieles. Wir sahen mit Entrüstung die Schmälerung ihrer Rechten; und wir vernahmen bey Bedrohung ihrer Verminderung jene Worte ganz deutlich, welche David in seinen Psalmen, als den Wunsch arger Gemütheren, anführet: Laßt uns das Heiligthum GOttes besitzen (bb). Von gottseligen Fürsten war dieses zwar niemals zu muthmasen; allein, zu was verleiten sie oft böse Rathgeber, die in Friedenshandlungen die grösten Triebfedern sind. Sie schützen ihre Anschläge mit einer gottlosen Bemäntlung dem Staat zu dienen, die Renntkammer des Fürsten zu füllen, und das Gewissen der Grossen mit einer Billigkeit einzuschläfern, die als die ungerechteste That GOtt zum schärf-

---

(aa) Hostium nostrorum, quæsumus Domine, alide superbiam, & eorum contumaciam dexteræ tuæ virtute prosterne, per Christum Dominum nostrum.

(bb) Possideamus Sanctuarium Dei. Ps. 82, 13.

schärfsten bestrafter zu erwarten hat. Die dummen Heiden waren alles dessen gehässig, was wider die Ehre ihrer Götzentempeln geschah. Sie tadelten in ihren hinterlassenen Schriften die Frevler, und liessen der Nachwelt in ihren Erzehlungen, ob sie schon nicht allerdings Glauben verdienen, die über sie verhängte Strafe der Göttern hinnach. Brennus, der Gallier, soll sich in der Wuth selbst entleibt haben, nachdem er den Tempel des Apollo zu Delphos mit Feuerfackeln zerstört hatte. Quintus Fulvius Flaccus soll von der Raserey erwürgt worden seyn, weil er die marmorne Dachplatten von dem Opferhause der Juno zu Locris in Griechenland geraubt; Maßinis, der Africaner, schikte die grosse Elephantenzähne mit Furcht nach der Insul Maltha in das Götzenhaus zurük, woraus sie einer seiner Befehlhaberen entnahm; Er ließ auf selbe seine Entschuldigung mit Worten eingraben, daß der Raub ohne sein Wissen geschehen seye. Dyonisius der Syracusaner war in seinen Nachkömmlingen schimpflich gezüchtiget; er solle sich selbe und den Seinigen von darum zugezogen haben, weil er die heidnischen Heiligthume mit einem fluchwürdigen Spaß entweyhete. Er raubte den Tempel der Proserpina reinlich aus. Er schiffete mit gutem Wind nach Hause, und sagte zu seinen Gefährten lächlend: Sehet, was freundliche Lüfte die Götter in die Segel blasen, wenn sie jene von sich ferne haben wollen, die sie bestahlen. Dem Jupiter Olympius nahm er den Mantel von gediegenem Gold, so ihm Hiero der Sicilianer opferte, von den Schultern seines Bildnisses. Er warf ihm einen von Wollenzeug um, weil er ihn zur Winterszeit besser erwärmen würde. Dem Aesculapius riß er in der Stadt Epidaurus den goldenen Bart von dem Kinn, mit Vorgeben, es reime sich nicht, daß, da Apollo, sein Vatter, nicht einmal ein Milchhaar hätte, er, der Sohn, gebartet seye; und der Göttin Victoria zwakte er die goldene Schaale, so sie in ihren Händen trug, sagende: sie hätte ihm selbe mit Darbiethen aufgedrungen, da er selbe öfters ermahnet hätte, selbe besser zu verwahren. So belachte der Tyrann seine Rauberepen, und so übel ward ihms von den Heyden beurtheilt.

Val. Max. in Hist.

Behüte mich der Himmel, daß ich mit dem Meerschaum heidnischer Geschichten die Wahrheit schmücke. Es soll mir genug seyn, daß die Feinde der Kirche unter Christen nicht wohl gelten mögen, da jene unter den Götzendienern so schlecht geachtet waren, welche ihre vermeinten Heiligthümer entunehrten. Die Schrift, so uns der Geist des ewigen und einzigen GOttes zum Zeugniß der Wahrheit gab, legt uns in Saul, Ochozias, der Athalia, Antiochus und Heliodor augenscheinliche Beyspiele dar, aus welchen wir die Entunehrung des Heiligthums, den Haß gegen die Geweyhte, und die Bekränkung derselben von dem Zorn des gerechten Himmels bestraft sehen können; und sind die Geschichten Germaniens von derley Zufällen nicht voll, wenn man die Wahrheit sagen will? Von wannen kamen die empfindlichen Streiche des grossen Verhängnisses, welche Carl den Kahlen, Ludwig den Stammler, Carl den Dicken, Arnulph, Heinrich den Vierten und

Fünften,

Fünften, Friedrich den Ersten und Andern, Otto den Vierten, Adolph von Nassau, Wenzel den Trägen, römische Kaysere trafen, als von der geringen Ehrfurcht, so sie gegen die Kirche und die gottesdienstliche Personen hatten; und woher rührte die Wohlfahrt des allerdurchlauchtigsten Erzhauses Oesterreich auf den deutschen Kayserssthron so lange, bis daher, als von Handhabung geistlicher Rechten und Vorzügen der Kirche. Unsere Täge sind mit Kirchenfeinden leider angehäuft; wir fürchten sie sogar in einem Friedensschluß; und die Gefahr blikte aus den zu hoffenden Oliven hervor; weil die Drohungen und zerschiedene Eingriffe vorgiengen. Sie machten sich die Bedrängnisse des Priesterthums zu einem Spaß, und hielten dessen Bedrückungen zu einem Zeitvertreib; sie spielten mit dem geistlichen Recht auf dem Billiard, und lachten sich fast zu tod, wenn sie dessen Verordnungen je eine nach der andern in das Loch brachten, und sie frolokten, wenn sie dem Priesterthum eine Beute abdrangen, und unter sich aufzehrten, wie die Fledermäuse pfeiffen, wenn sie die Kirchenampeln ausstrfelen. Dieses waren die Gefahren von innen, welche uns die Freude unsers Herzens in dem lezten Krieg benahm, und zumahl selbe mit Gefahren von aussen, wie die schwarze Wolken eine düstere Nacht, noch mehrer verdunkelten.

Wie kein Mensch ohne Widersacher, also ist kein Staat ohne Feinde. Glük und Ehre sind die Lokspeise, welche den Mißgönnern das Wasser in die Zähne treiben, und sie zu feindlichen Anschlägen verleiten, das erste zu hemmen, und die andere zu mindern. Man wird schwerlich ein Reich auf der Welt finden, welches von aussen mehrer, als das deutsche Kayserthum bestritten ward. Seine Grösse brachte bösen Nachbarn den ungünstigen Muth, selbes in engere Gränzen zu bringen. Seine Herrlichkeit erwekte die arge Eifersucht, ihre Stralen zu brechen; und sein Gewalt stach die Mißgunst, auf Mittel zu denken, selbe zu schwächen. Wie wir die Grösse einer Saulen an den abgeschlagenen Trümmern erkennen, und die Höhe eines Felsen von dem abgesprengten Gipfel begreiffen, eben so müssen wir die Weitschüchtigkeit des deutschen Reichs von den abgerissenen Staaten bemerken, und von dem bedauerlichen Recht der Foderungen beurtheilen. Die von ihm getrennte Lombardey, das den schwäbischen Herzogen entzogene Neapel und Sicilien, das um eine Nachtsuppe mit mehrer Augen von Carl dem Vierten an Frankreich, statt der Zech, blindlings abgetrettene Delphinat, mit der Provinz, die in ihre Felsenlöcher entloffene Schweitz, die dem burgundischen Kreise vormahls zugethane, nun von Frankreich abgeschelte sieben vereinigte Provinzen in Niederland, das von französischen Nägeln abgepflikte Burgund, Elsaß, Lothringen, die drey Bißtümer Metz, Toul und Verdun, und das in die Luft geblasene Reich von Austrasien, die aus der Zinsbarkeit entflohene Dännemark, Pohlen, Preussen und Liefland, mit noch anderen, sind der unschäzbare Verlust, welcher eine böse Geburt der innerlichen Zwisten und meistens die unter Deutschen selbsten obwaltende blutige Mißhelligkeiten war.

Unsere Thränen haben alle Gerechtigkeit zum Behuf, sich über die Ruinen des alten deutschen Reichs auszuschütten, weil sie auf die blutigen Leichen der Ihrigen fielen. Sind aber die Auswärtigen nun begnügt? Finden sie nichts mehr in Deutschland, so sie lüstern macht, feindliche Schritte in selbes zu wagen? Hat es das goldene Fell nicht mehr, welches zu rauben es noch allemahl einen Jason gelüstet hat? Es ist wahr, daß Zeit des letztern Kriegs uns jene zu Freunden worden, die wir sonst, wie die Schaafe die Wölfe, als unsere Erbfeinde ansahen. Frankreich trat mit Oesterreich in Bund; o! daß er ewig daure, und eher Rhein und Donau in ihre Quellen zurükflössen, als selber zerschnelle. Es schikte seine Legionen in Deutschland, und führte sie zum streiten an. War es ihnen Ernst die Streitigkeiten der Reichsglieder zu entscheiden? Trugen sie unter ihren Schilden Olivenreiser, selbe in die Fluren Deutschlands mit dem Gewalt des Schwerdts zu einem behenden Flor einzugraben? Trieften die Lilien von dem heilsamen Oel, unsern Augen die erforderliche Deutlichkeit zu geben, damit wir an ihnen ein ungeschminktes Wesen ersehetten? Was konnten wir aus dem übereilten Vergleich zu Kloster Seven abnehmen? Zu was Urtheilen brachte uns der öftere Abwechsel der französischen Befehlshabern und Marschällen? Etrees wurde in seinem Heldenlauf von der Siegsbahne abgerufen; und der für Deutschlands Sicherheit sorgende und siegende Broglio in das Elend verwiesen. Hippomanes streuete der Atalanta goldene Aepfel auf die Laufstrasse, und hinderte sie. Da aber mag es wohl eine andere Atalanta gethan haben, die Helden Galliens von Erhaschung deutscher Lorbeern zu hindern. Die Welt stuzte, daß so grosse Armeen Frankreichs mit Vergiessung so viel des Bluts der Ihrigen die Dinge so unentschieden liessen. Ist es aber Wunder, wenn man von einem Kranken erfahrne Aerzte ruft, und er nicht genesen kan, ob schon andere kommen. Gemach! damit wir nicht zu weit gehen.

Von Orient kamen gute Winde. Die Türkey schlief, und hatte sie nicht die mindesten Träume, Christenheit und Deutschland zu beunruhigen. Das Mondsgestirn erkältete die sonst feurigen Herzen der Muselmännern, daß sie von der Hitze des Kriegs nichts empfanden. Die Porte zu Stambul war geschlossen, da der Janustempel unter den Christen angelweit offen stund. Die Ottomannen vertrieben sich mit ihren Roßschweifen, wie ihren Pferden, die Mücken, welche sie zu unruhigen Gedanken stechen wollten. Ein ausserordentliches Wunder von Heyden, die sich der Gelegenheit feindlich anzurucken entweder nicht versahen, oder derselben sich nicht gebrauchen wollten. Moyses fluchte dem Reich Amalec, weil dessen König den Zug Israels feindlich hinderte; und wir müssen Mustapha dem Dritten Lob sagen, daß er auf den Sophen seines Serails Zeit sieben Jahren still saß. Wissen wir aber, was indessen die Kinder Mahomets dachten? Bathen sie nicht vielleicht in ihren Moscheen mit gewöhnlicher Sprache, daß sich indessen die Christenhunde aufreibten, und einander auffresseten? Ergözten sie sich

sich nicht bey ihren Tobakpfeiffen und Caffeekannen, wenn sie von den Niederlagen der Christen hörten? murrten sie nicht wider den friedfertigen Sultan und ruhigen Grosvezier? und warteten sie nicht auf Gelegenheit, die entvölkerten Christen anzupacken? Die Philistäer sorgten, daß in Israel kein Waffenschmied zu finden seye, damit sie dessen Schwerdte und Lanzen nicht zu fürchten hätten, und unsere böse Nachbarn wünschten, daß Deutschland damit voll wäre, auf daß seine Bürger sich desto bälder aufmezelten. Auch da wollen wir unsere Meinung zurükhalten.

Moscau schikte seine Russen und Cosaken, Oesterreich zu unterstüzen, aus seinen nordischen Casernen in Deutschland. Sie thaten, was man von ihnen hoffete. Petersburg hegte gute Gesinnungen. Es wollte zur Erhaltung der bebenden Ruhe des deutschen Reichs die treueste Hände bieten. Elisabeth Petrowna starb, da die in der Ueberschwemmung ersäufte Ruhe Europens wieder zum Leben zu kommen beginnte, das Olivenzweig mit noch blassen Fingern über das hohe Gewässer in etwas empor strekte, und die Felsenspize, wie in der sinkenden Sündfluth, sich wirklich zeigten, worauf die Arche deutscher Hofnung sicher ruhen sollte. Was Zufälle ereigneten sich hernach unter dem neuen Regenten; und da er eine unvermuthete Leiche ward, was Gutes folgte darauf? Trennte sich nicht Moscovien von Oesterreich? War die Gefahr von aussen nicht gros, da sie die innere vermehrte? Stille! wir sind zu dumm, hierinn einen Schiedsmann abzugeben.

Doch da ist mir zu reden erlaubt. Niemahl ist Deutschland gefährlichern Würblen von aussen näher, als da seine Inwohner sich von innen erwürgen, und in unsternvollen Kriegen ihre vatterländische Macht entkräften. Wenn Deutsche gegen Deutsche, Christen gegen Christen fechten, Staaten des Reichs gegen Mitstaaten in eine wie blutige, also hartnäckige Zweytracht verfallen, und von Aussöhnungen nichts wissen wollen, stöhren sie nicht selber das Wasserteich, daß Auswärtige im Trüben fischen können? Wär es für Deutschland eine Neuigkeit, da es seine innerlichen Kriege schon so oft gebüsset hat? Wär es unmöglich, daß Auswärtige wünschten, und lachten, wenn sich die Deutschen selbst in die Pfanne hieben, damit sie sich von diesem Gehäck ein Abendessen bey Deutschlands Untergang anschaffen möchten? Freylich soll man von Bundsgenossen bessere Hofnungströstungen sich zu Gemüthe nehmen. Wie oft sehen wir aber, daß die Winde zween gegeneinander Feuerkeule schleudernden Wolken zur Hülfe kommen, selbe aber, wenn sie sich verzehrt, in dünne Dünste zerblasen; und wie oft hat man uns erzehlt, daß das Meer eine Insul wider den Anlauf zwar befestige, da sie aber von innen in Stücke bricht, selbe verschlinge. Ich halte mich an den Ausspruch des Heilands, die Gefahren Deutschlands von innen und aussen unlaugbarer zu erweisen: ein in sich zertheiltes Reich ist seiner Verwüstung nahe (cc).

(cc) Regnum in se divisum desolabitur.

Und wenn es Menschen geben sollte, die aus den Sprüchen der Heyden sich eine gründlichere Wahrheit, als aus dem unverfälschten Evangelium des göttlichen Sohnes, nach Art der heutigen Gottesläugneren und Freydenkeren, zu entlehnen getrauen, soll ihnen Seneca sagen: Kleine Dinge wachsen durch die Eintracht, und grosse werden durch die Zweytracht zu nichten (dd). O! der Gefahren unsers deutschen Vatterlandes. O! der Gefahren der Religion, wenn sich die vierdte (der Freydenkerey) die man auf Deutschlands Boden zithero niemahl gedultete, auf selbem als eine Bürgerin auch niedergelassen hätte, wie man sie in Gold und Purpur, in Staats= und Kriegsröcken, wenn es nicht auch in dem Ephod ist, grosthun sieht. O! der Gefahren, und zwar von aussen und innen.

Getröst jedoch schon wieder werthes und gutgesinntes Deutschland! der Höchste hat uns die Freude unserer Herzen, welcher wir so lange entbehren müssen, zurükgegeben. Der liebe Friede hat die Gefahren von Deutschlands Gränzen hoffentlich weit entfernet. Die Monarchen haben sich verglichen, ohne die Verfassungen des Reichs an dem mindesten Theil zu verletzen. Ihre Klugheit hat nichts, denn die unter ihren sonderheitlichen höchsten Höfen obwaltende Irrungen abgethan. Sie thaten es den Lüften in spathen Herbsttägen nicht nach, welche sich nur allererst zur Ruhe anlassen, wenn die Erde ihre Gestalt verlohren, und die Anmuth annehmlicher Witterung in Frost, Eis und Kälte gewechselt ist. Die hohen Reichsstände bogen den Gefahren selbsten vor. Die löbliche Kreise flüchteten sich in Ansicht der Gefahren eines verderblichen Kriegs zu den Treppen ihres theuresten Reichsvatters, und fleheten ihn um Beförderung des Friedens an. Franciscus, unser allergnädigster, auch Liebe und Ehrfurcht würdigster römischer Kayser erinnerte sich der verbindlichen Worten, auf welche er sich zu Frankfurt in seiner glorreichisten Krönung verpflichtete: Den Frieden seines Reichs auf alle ersinnliche Art handzuhaben. Er verdient, wie Melchisedech, den Namen eines Fürsten des Friedens. Frankreich, Engelland und Moscau traten als Mittler auf, und Schweden, welches mit dem ersten die Gewährleistung des westphälischen Friedens auf sich hat, meldete sich auch. Die Sache gieng in höchster Stille her. Auswärtige Mächten hatten sich untereinander schon in friedliche Handstreiche eingelassen. Oesterreich, Sachsen und Brandenburg waren noch die gespaltenen Theile. Man sprach von dem Frieden mit Zweifel und Wankelmuth. Die deutsche Welt glaubte eher frische Kriegsplan, als Friedenszeitungen zu lesen; und es war Fried. Das deutsche Reich blieb in seinem Wesen, wie die Weltkugel, durch GOttes Vorsicht unveruckt; und in Religionssachen hörte man von keiner Neuerung. Geistlichkeit und Priesterthum empfanden nichts widriges. Der Himmel sorgte für sie. Er hinderte einen allgemeinen Zusammentritt

---

(dd) Concordia res parvæ crescunt, maximæ discordia dilabuntur. Senec. Ep. 94.

tritt der Monarchen durch ihre Gesandten; und ließ den lieben Frieden nach und nach, wie die Sonnenstralen in die vier Welttheile, kommen. Die Menge der Köpfen konnten ihre Vorschläge nicht auf das Tapet werfen, da es vielleicht, wie bey Zusammentragung der wilden Coloquintenfrüchten von den Prophetenkindern, auf einen Tod im Hafen angekommen wäre (ee). Augspurg war schon zur Friedensversammlung ausersehen. Es sollten die Olivenbäume an dem Ufer des Lechs und der Werthach wieder zu grünen anfangen, die an der Elbe, Oder, Moldau, Bober, Spree, Neisse, Eger, Saale, Unstrut, Mayn, Dimmel, Ohm, Aa, Weser, Rhein, und andern Flüssen Deutschlands verdorreten. Die Umstände brachen das Friedenslager dennoch wieder ab, da Augspurg seine prächtige Gebäude mit grossen Kösten noch herrlicher zierte; und es blieb ihm das Vergnügen, den gewaltigen Aufwand mit der Augenweide seiner gepuzten Wohnungen zu ersetzen. Die Schwanen seiner Stadt- und Wassergräben hätten zur Unterzeichnung des Friedens ganz gewiß ihre Federn entlassen, welche nun Kielen bleiben, mit welchen Augspurg seine Ehre, von Kayser und Reich zu einem Friedensplaz ausgesehen zu seyn, aufzeichnen kan, ob es gleich nicht geschehen. Ach! ja wir haben GOtt zu danken, daß er uns die Freude des Herzens mit Abwendung der inneren Gefahren geschenket hat. Fühlen wir sie aber minder, was die äusseren betrifft? Mit nichten. Das Mezlen und Schlachten der Deutschen unter sich selbsten ist abgestellt. Der Todschlag lauft wieder in seinem alten Verbot. Sie wechslen wieder Liebsküsse unter sich, und Freundschaftsblicke, an welche sie sieben Jahre nicht dachten. Viele tausend sind erspahrt, Deutschland gegen auswärtige Feinde, wenn doch eine seyn sollten, zu vertheidigen. Der lezte Krieg war eine Heldenschul, die uns Generalen gab, welche die Kriegskunst in Gefahren und Uebung am besten begriffen. Die Olympischen Spiele der Alten sind ein Kindertanz, und darf sich Carthago in Prüfung des römischen Heldenmuths mit dem abgewichenen Krieg nicht vergleichen. Deutschlands Helden haben sich aneinander wie zween Diamante abgeschliffen, und sie werden auch allemal fähig seyn, dessen Feinden das vereinigte Feuer in die Augen zu sprizzen. Ach! daß die Heere Oesterreichs und Preussens wieder aus dem Grabe erstunden, worein sie die blutigen Schlachten, Scharmüzel, Belagerungen, und die Lazarethen gestürzt hatten. Sollten wir ihre erstaunliche Anzahl nicht eben so billig, als Xerxes der Perser die Seinigen beweinen. O! daß sie erstunden, wenn wir ihrer nöthig hätten. Ihre Cypressen würden sich in Lorbeer umtauschen, und ihre Menge die Erde zittern machen. Allein, sie ruhen im Grabe, und heilen ihre Wunden mit Zernichtung ihrer Körperen. GOtt wird seiner Vorsicht für Deutschland nicht vergessen. Wir haben noch Menschen genug, die für uns das Schwerdt tragen können; und wenn uns auch diese gebrechen sollten, kan uns der Höchste mit himmlischen Schwadronen, wie Israel in denen Machabäer Zeiten, oder mit den Sternen,

(ee) 4 Reg. 4.

Sternen, wie in den Tagen Barats, aus der Noth helfen. Doch, Deutschland ist noch fruchtbar und volkreich genug. Wir haben nicht nöthig, daß wir Deucalion Steine säen, Menschen einzuernden. Hoffen wir zu GOtt, dessen Allmacht den innerlichen Krieg beygeleget, dessen Barmherzigkeit den blutigen geendiget, und dessen Liebe uns mit Entfernung der Gefahren die Herzensfreude wieder geschenkt hat.

Beschluß.

Soll nun aus euch, liebste Kinder! ein einziger seyn, der sich heute mir widersetze, wenn ich euch insgesamt zu einem Dankfest aufrufe? Ein jeder wird sich sonder Zweifel darzu fertig machen. Ich kan euch versichern, daß euer heutiges Kirchweyhfest eines der angenehmsten ist, so ihr immer erlebt habt. Es ist zumahl ein Friedenstag, an welchem wir bey den Treppen des Altars dem grossen GOTT des Friedens für die Herstellung der allgemeinen Ruhe ein feyerliches Dankopfer erstatten sollen. Was eine Freude gieng dem Hause des Zachäus zu, als dieser verruffne Zoller und Publican den Frieden mit dem Heiland mit seinen Thränen unterschrieb; und die Artickeln, das Geraubte heimzustellen, die Betrogenen mit vierfacher Schadloshaltung zu befriedigen, seine gefährliche Wechselbank zu verlassen, und Christo nachzufolgen treulich versprach.

Unsere Mutterkirche ist nicht minder ein Haus des Friedens. Wie oft verliest man uns die Artickeln des Christenthums von den Canzeln? Wie oft versöhnt uns ein priesterlicher Herold in den Beichtstühlen mit GOtt, da er mit dem Gewalt der Schlüsseln den Kriegstempel sperret? Wie oft erneueren wir die heiligsten Verträge, so wir mit GOtt bey dem Tauffkessel in unsern ersten Lebensstunden durch unsere Abgeordneten und Taufpathen machten? Und wie oft speisen wir an dem Tisch des HErrn das Brod des Friedens? Alles ist des Friedens voll, und dahero sollen wir anheut auch vor den allgemeinen unsers Vatterlandes dem Höchsten danken. Der Friede gibt uns hierzu die gröste Ursache. Er ist ein Werk der Allmacht und der Erbarmungen GOttes. Er schenkt uns die verlohrne Herzensfreude; denn er entstund aus einem innerlichen, blutigen und gefährlichen Krieg. Die ganze Deutsche Welt ist bey dieser Himmelsgab zur Danksagung aufgewekt. Sie frohlocket, und weist ihres Trostes keine Maaße. Die Kanonen verkündigen uns den Frieden auf den Wällen der Reichsstädten und Schlössern. Sie thönen angenehmer, als da sie Kugeln und Cartätschen aus ihren ehrnen Magen gegen unsere deutschen Landeskinder ausspien. Alles ist munter und zur Lust aufgebracht. Die kriegenden hohen Theile selbsten sind der leidigen Unruh überdrüssig. Sie bedauren das vergossene Blut der Alemannen, und danken dem alles zum Besten Deutschlands veranstaltenden GOtt, der sie wider alle Klugheit der Menschen so unverhoft in die schönen Friedens-

Friedensgedanken gebracht hat. Sie laſſen ſich keinen Triumph wegen erhaltenen Siegen zurecht bringen. Sie wiſſen die Worte des Tullius: Ein bürgerlicher Krieg habe unter ſeinen Armſeligkeiten keine gröſſere zu zehlen, als die Siege ſelbſten, welche nur durch das Blut der Bürgeren erkauft werden (ff). Sie vergeben ſich die zugefügten Unbilden grundgütigſt, und vertheidigen das Vergangene mit nichts, als der Vergeſſenheit, nach Rath des Seneca (gg). Die Römer ſahen den Triumph des Cäſars mit benebelten Augen an, den er nach der Erwürgung der pompejaniſchen Kindern ſich anſchuf. Sie waren Bürger, und konnte die über ihren Tod geſchöpfte Freude nicht anders, als eine unartige Trotzung des Vatterlandes angeſehen ſeyn. Es war verbotten einen römiſchen Bürger in dem Triumph nachzuſchleppen. Cinna und Marius traten in Rom mit gebeugten Häuptern ein, da ſie von der Niederlage der überwundenen meineydigen Bürgeren kamen; und Antonius ließ ſeine Soldaten von dem Streit, den er gegen den Aufwiegler Catilina führte, in das Lager nicht eher zurükgehen, bevor ſie die in das Bürgerblut gedauchte Schwerdter nicht abgetroknet, und die leidigen Merkmale eines innerlichen, blutigen und gefährlichen Kriegs nicht abgewiſcht hätten. Chriſtliche Monarchen denken noch beſſer, als die heydniſchen Römer, ob dieſe ſchon ſehr geſittet waren. Wir haben ihnen nach GOtt die Hände mit frohen Lefzen zu küſſen, aus welchen ſie die Waffen hingethan, und den geflügelten Mercuriusſtab ergriffen haben. Die billige Sorge, Deutſchland mit dem allgemeinen Frieden zu ergötzen, machte ſie auf die fernere Verfechtung ihrer Gerechtſamen unachtſam. Die allgemeine Wohlfahrt des deutſchen Reichs überwog die eigenen Vortheile; und ſie wollten ſich des Namens der Vättern und Müttern des Vatterlandes würdig machen.

Maria Thereſia, groſſe Kayſerin und Königin! die drey Kronen, welche das würdigſte Haupt deiner Majeſtät zieren, bekommen von deiner Friedfertigkeit einen neuen Schimmer. Deine tapfern Ungarn und deine beherzten Soldaten erwarteten deine allerhöchſten Befehle mit der angewohnten Grosmuth in das Feld zu ziehen, da du ihnen das Schwerdt in der Scheide zu behalten gebotheſt, und deine Verbündniſſen mit Brandenburg verkündigen lieſſeſt. Du befahleſt den Trompeten und Pauken den Frieden auszuſchallen, da ſie eben das Zeichen zum Feldzug geben wollten; und du kündeteſt denen Feuerröhren zur Offenbarung der allgemeinen Ruhe die Lauffeuer an, den Krieg aus Deutſchland hurtig zu jagen, da der Soldat die Patronen zum fechten würklich abbiß. Die ſind wir Dank ſchuldig, höchſte Fürſtin der Welt und neue geſetz-
nete

(ff) Omnia ſunt miſera in bellis civilibus, ſed miſerius eſt nihil ipſa Victoria. Cic. Ep. 9. ad Marcell.

(gg) Optima civilis belli defenſio oblivio eſt. Senec. Lib. 5. controv.

ulete Stammmutter des österreichisch-lothringischen kayserlichen königlichen Hauses. Du suchest deine Grosheit nicht in Würgen, sondern in der Wohlfahrt deiner Unterthanen. Der letzte Krieg hat deine Grosmuth genug erwiesen. Du warest von ihm auf einen höhern Stufen gebracht, als das Alterthum Debora das Weib Lapidoths, Judith die Wittib zu Bethulien, Semiramis, Tomyris, Archidamia, Cynane, Candace, Cldlia, Camilla, Fluvia, Telesilla, Penthesilea, Juthurna und Tanaquil ansah. Deine Gottesfurcht macht deinen apostolischen Namen erhaben, und deine landesmütterliche Güte unvergeßlich. Du belohntest deine Kämpfer in dem Leben mit dem Ehrenzeichen deines gestifteten grossen Theresienordens; und für die entleibten liessest du, wie jener Machabäerfürst, öfters in Gegenwart deiner und deiner allerdurchlauchtigsten jungen Herrschaften die Trauergottesdienste abhalten. GOTT erhalte dich mit den Deinigen. Er segne dein Haus, und lasse es immer in Herrlichkeit steigen. Wir wünschen, daß dein theurester Kronprinz und erstgebohrner Erzherzog in Bälde die römische Königskrone an der Stirne trage. Sie wird für ihn die schönste Frucht des Friedens seyn, und uns zur höchsten Labsal werden.

 Auch dir danken wir, **August**, König in Pohlen und Churfürst in Sachsen! Niemand trug die Last des argen Kriegs mehrer, und niemand erduldete die Drangsalen grosmüthiger, als du, grosser Fürst und König Sarmatiens. Das platschernde Kriegsgetöß ward zuerst in deinem werthen Sachsen gehört; und deine Churlande von den Feinden überraschet. Die Sicherheit deiner Majestät rieth dir, dein prächtiges Dresden zu verlassen, und selbe bey deinen Polaken zu suchen. Man bracht dir keine andere Neuigkeiten von deinem kostbaren Eigenthum zu Ohren, als Plünderungen, Verheerungen, Verwüstungen mit Feuer und Schwerdt, und von Gefangennehmung deines Heers bey Pirna. Sachsen, dein Sachsen, o! grosmüthiger Prinz, kam an die Gränzen des äussersten Verderbens. Ein Friede von einem und andern Jahrhundert wird zur Erneuerung dessen verlohrnen Gestalt kümmerlich flecken. Du beziehest es nun wieder, wie Nehemias das umgekehrte Paldstinen. Findest du aber deine liebste Königin, die Halbscheid deines gottseligen Vergnügens? Ach! sie ist tod. Die bey Auffsprengung deines Cabinets, bey Besetzung Dresdens und dessen Belagerung erlittene Drangsalen, und bey Gefahrleidung der Burg selbsten vorkommende Schreckbilder haben ihr die Krone einer Heiligin aufgesetzt, welche sie nun in dem Himmel trägt. Findest du deine königliche junge Herrschaft, welche in so zahlreicher Menge, wie die jungen Oliven, um deine Tafel sich einfanden? sie waren lange zerstreuet, nun werden sie sich, wie die Gefährten des Aeneas nach dem Schiffbruch auf dem tyrrhenischen Meer, wiederum versammlen, und in deine vätterliche Arme fallen. Der Friede, den du mit deinen Gegnern schlossest, segne deine

deine langmüthige Gedult, welche in Trübsalen so unüberwindlich war, als immer deine Bergvestung Königstein ist. Du hast den Namen eines Starken verdienet, weil er, wie Aristoteles sagt, nur jenem gebühret, der das Uebel mit festen Schultern ertragen kan (hh). Grosser August! wir danken dir um die auf die Ruhe des deutschen Vatterlandes abzielende Entschliessung, welche dir niemand anderer, als der Geist eines wahren Christen eingab.

Auch dir, **grosser Friedrich**, Churfürst zu Brandenburg und Preussens König! dessen Scepter die Cassuben und Wenden küssen; an dessen Ufer die Nordwinde den Agstein werfen, und dessen Winke so viele Herzog- und Fürstenthümer, auch Grafschaften gehorchen, auch dir sind wir Dank schuldig. Du liessest dich von Friedensgedanken in Mitte deines Heldenlaufs innhalten, und gabest, da dich die Lorbeer überstreueten, selben ein eilfertiges Gehör. Der Jammer Deutschlands rührte deine grosse Seele, deine Kriegsthaten in Friedenswerke zu ändern. Du wareſt wie die Sonne, welche nicht nur in ihren Donnerblitzen, sondern auch in der Heitere des Firmaments gros ist. Die Gerechtigkeit sizt auf deinem Thron, wovon sie jedem das Seine giebt. Streit- und Zankhändeln wachsen in deinen Staaten keine Bärte. Sie sind durch die Triebe deiner Gerechtigkeit hurtiger geschlichtet, als sie angefangen sind. Du bist die Wonne deiner Völkern, dero Wohlfahrt du mit Einrichtung des besten Gewerbs beförderest. Ueberfluß und Schwelgerey sind von deiner Hofhaltung verbannet, und deine kluge Wirthschaft behält deine Kräften. Deine Tafel ist königlich. Du beladest sie nicht mit denen Nieblichkeiten der Sybariten, sondern paarest den Pracht mit der Nothdurft; und du liebest mehr ein Feld voll Soldaten, ein Hof voll nüzlicher Leuten, als eine Küche voll der Speiskünstlern. Die ganze Welt ist von deiner Kriegserfahrenheit überzeugt. Deine Heldenthaten machen dich zum Schimmer und Ehre Deutschlands. Du hast sie nicht, wie Palamedes, von dem Flug der Granichen, sondern deines Wappenadlers erlernet. Zu- und Vorfälle sahen dich bey deinen Armeen immer gegenwärtig; ein Blik deiner Augen war genug, ihnen zu gebiethen; und dein Beyspiel alles selbe anzuführen. Du weißt dich des Glüks zu gebrauchen, wie das Unglük in deinen Unternehmungen zu bemeistern. Man weiſt niemahl von dir, daß du mit David auf der Altane von der Weichlichkeit träge Blicke empfängst, da die Soldaten Rabba belagern; und da du Deutschlands Alcid bist, wird dir niemand von einer vergiftenden Dejanira, von einer gebiethenden Omphale, oder von einer schmeichlenden Jole einen Vorwurf machen können. Künsten und Wissenschaften erkennen dich in deinen Landen als einen gekrönten Mäcenat; und wenn es bis auf deinen Orchester ankommt, stellest du dich mit der Zwerchflöthe, welche von

bir

(hh) Nemo tolerantior est malorum viro forti. Arist. Lib. 3. Ethic.

dir den Namen einer königlichen ererbt, eben so künstlich dahin, als klug du unter den Kriegszelten den Befehlstab zu führen weißt. GOTT der Heerschaaren erhalte dich zu Deutschlands Besten. Du hast dich nun grösser gezeigt, da du uns den Frieden gabest, als da du ihn von uns entferntest. Gebrauche deine grosse Eigenschaften zur allgemeinen Menschenliebe. Die Ueberwindung deiner selbsten ist der schönste unter allen Siegen, welche dein Bildnis auf den königlichen Galerien zu Berlin und Potsdam krönen.

Wir sind nicht weniger allen denenjenigen mit Dank zu begegnen schuldig, welche an diesem heilsamen Friedenswerk gelinde Hand anlegten; und die schönen Namen der Mittlern tragen. Franciscus, unser römischer Kayser steht in der Reihe derselben. Wir bathen bey Einweyhung der Osterkerze neulich für ihn mit diesen kräftigen Worten in unseren catholischen Liturgien: Sieh, o GOTT! auf unsern gottseligen Kayser Franciscus, du erkennest seine Herzenswünsche; laß ihm die unaussprechliche Gabe deiner Gütig- und Barmherzigkeit angedeyen; damit er die stille Täge eines beharrlichen Friedens geniessen, und mit seinem anvertrauten Volk die erspriesslichsten Siege im Himmel erhalten möge (ii).

Unseren obersten Häuptern des schwäbischen Kreises sind wir ebenfalls zinsbar. Was für vätterliche Sorge befiel nicht das grosse Herz Seiner Hochfürstlichen Eminenz unsers allergnädigsten Bischofs. Wir wissen davon vieles; und hat nicht sein aus gleichem Heldengeschlecht der Freyherren von Rodt gebohrne Herr Bruder als General unserm Vatterlande grosse Dienste gethan, da er mit seiner Gegenwart unseren Völkern immer zum Beyspiel war, und da er für uns sein edles Blut zu geben ganz entschlossen endlich seine Freyheit zu Freyberg verlohr. Sind uns die grossen und patriotischen Triebe Seiner Hochfürstlichen Durchlaucht Carls, des Herzogen von Würtemberg ein Geheimnis? Was unternahm er, unsere Ruhe in Staatsgeschäften zu sichern, und in dem Felde zu erhalten?

Friede! Friede! liebste Kinder. GOTT wird heute uns zu seinem Opfertisch kriechen sehen. Er wird unserer Dankbarkeit sein höchstes Wohlgefallen wiederfahren lassen. Vatterland, Religion, Priesterthum, lebt getröst, der innerliche Krieg ist gehoben, der blutige ist nicht mehr, und der gefährliche hat sein erwünschtes Ende. Der Friede hat ihn mit diesen drey Eigenschaften auf einmal getilget. Er ist auf ewig unterschrieben. Oesterreich,

---

(ii) Respice etiam ad devotissimum Imperatorem nostrum FRAN-
CISCVM, cujus tu DEVS! desiderii vota prænoscens ineffabili pietatis & misericordiæ tuæ munere tranquillum, perpetuæ pacis accommoda: & cælestem victoriam cum omni populo suo. Miss. Rom.

reich, Sachsen und Brandenburg sind in ein Herz zusammengeflossen. Wir sollen nicht hoffen, daß er so leicht mehr die Gebrechlichkeit zu befahren habe. Die heiligste Dreyfaltigkeit ist die Gewährleisterin seiner Artickeln, unter dero Anrufung sie verfasset sind. Antonius der Paduaner hat wohl angemerkt, daß das Wort Friede in Latein in drey Buchstaben und einem Wort bestehe; wie der höchste GOTT in drey Personen nur ein einziger ist (kk). Wir wollen von dem Frieden nicht anders denken, als daß er zwischen Oesterreich, Sachsen und Brandenburg in ein einziges Band erwachsen seye. Vatterland! fürchte dir nicht, so lange du mit dem dreyeinigen GOTT im Bund stehest, ihm gehorchest, und seinen Gerechtsamen nicht feindlich begegnest. Religion! bilde dir keine Kränkung ein, weil dich GOTT, der dich gestiftet hat, in so gefährlichen Fügnissen erhielte. Priesterthum! hoffe auf den Höchsten, dessen du bist; die Monarchen der christlichen Welt sind dir mit Ehrfurcht zugethan, und wenn dir schon ungünstige und geringere Seelen schaden wollen, werden sie dennoch, wie Balaam, der Sohn Beor, mit seinem Esel, statt der Flüchen, Segnungen sprechen müssen. Der Friede sey mit diesem Hause. Der Friede sey mit euch. So bitter nun GOTT aller Dingen, der grosse Dinge auf dem ganzen Erdboden gethan, der nach seiner Barmherzigkeit mit uns gehandelt hat, der wolle uns die Freude des Herzens geben, und den Frieden in Israel in unsern und zu ewigen Tägen.

Der fünfzehende Tag des Hornungs des itzigen siebenzehnhundert und drey und sechzigsten Jahrs soll mit goldenen Buchstaben in unsere Jahrbücher geschrieben seyn; und Hubertsburg in Sachsen soll unzerstörlich bleiben, so lange die Welt in ihren Angeln hängt, wo der von uns so sehnlich erwartete Friede geschlossen ward. Ich wünsche mir nur dieses wenige dahin zu einem ewigen Angedenken in Porphyr einschreiben zu können, was ich der Welt schon einmal mittheilte, und in offentlichen Blättern zur Urkund meines Vergnügens gab:

PaX In arCe HVbertI
a
MarIa TheresIa AVstrIa,
AVgVsto saXone
FrIDerICo BorrVsso
fIXa.

R   *Arx*

(kk) In hoc nomine PAX tres sunt litteræ, & una syllaba, in quo trinitas, & unitas designatur. S. Ant. Pad. Serm. 1. post Pascha

Arx quam te fauſtam Germania! reddit Huberti,
  Vnde tibi rurſum Pax recupita venit.
Hinc rabidum belli, quem clavis aduſſit Huberti,
  Sævire in patriam, credo, nequire canem.

Getroſt Germanien! wir ſind nun in dem Port,
Beglücktes Hubertsburg, du wareſt jener Ort,
Wo durch des Höchſten Huld friedfertige Geſandten
Den tollen Kriegeshund mit Hubertsſchlüſſeln brannten.

    Ich endige meine Rede mit Freude und Troſt. Die Hofnung eines beharrlichen Friedens ſchmeichelt mir aus der Zahl **Drey**, welche das laufende Jahr bemerket. Es mußte dieſe goldene Ziffer ſchon erwartet ſeyn, **Oeſterreich, Sachſen** und **Brandenburg**, dieſes groſſe **Drey** in ein Verbündnis zu bringen. O! daß die **Treu** dieſem **Drey** nicht ermangle. O! daß die geſchworne **Treu**, welche dem Frieden zur Stütze ſeyn muß, nicht mehr in Splitter breche. Was ſollen wir aber in Kummer leben, da alles unter dem allerhöchſten Namen des groſſen **Dreyeinigen GOttes** gewähret iſt. Der Anfang der Friedensarticfeln ſoll der Beſchluß meiner Rede ſeyn. In NaMen aLLerheILLIgſter DreyfaLtIgkeIt Vatter's, Sohnes, heILIgen Geiſtes.
    Amen! Amen! Amen!